Wasan Tita/Shutterstock

inter
saberes

evolução do sistema financeiro internacional
Lucas Lautert Dezordi

Rua Clara Vendramin, 58 • Mossunguê
CEP 81200-170 • Curitiba • PR • Brasil
Fone: (41) 2106-4170
www.intersaberes.com
editora@intersaberes.com

conselho editorial • Dr. Alexandre Coutinho Pagliarini
Drª Elena Godoy
Dr. Neri dos Santos
Mª Maria Lúcia Prado Sabatella

editora-chefe • Lindsay Azambuja

gerente editorial • Ariadne Nunes Wenger

assistente editorial • Daniela Viroli Pereira Pinto

preparação de originais • Ana Maria Ziccardi

edição de texto • Caroline Rabelo Gomes
Palavra do Editor

projeto gráfico • Raphael Bernadelli

adaptação de projeto gráfico • Sílvio Gabriel Spannenberg

capa • Luana Machado Amaro (*design*)
KingN, rafastockbr, syed mohd syazwan e
Ton Photographer 4289/Shutterstock (imagens)

diagramação • Andreia Rasmussen

designer responsável • Luana Machado Amaro

iconografia • Regina Claudia Cruz Prestes

Dado internacionais de Catalogação na Publicação (CIP)
(Câmara Brasileira do Livro, SP, Brasil)

• • •

Dezordi, Lucas Lautert
    Evolução do sistema financeiro internacional / Lucas Lautert Dezordi. -- Curitiba, PR : InterSaberes, 2024.

    Bibliografia.
    ISBN 978-85-227-0913-7

    1. Crise econômica 2. Finanças internacionais - História 3. Fundo Monetário Internacional 4. Instituições financeiras 5. Política monetária 6. Relações econômicas internacionais I. Título.

24-192774   CDD-332.042

• • •

Índices para catálogo sistemático:

1. Sistema financeiro internacional : Economia   332.042

Cibele Maria Dias - Bibliotecária - CRB-8/9427

1ª edição, 2024.

Foi feito o depósito legal.

Informamos que é de inteira responsabilidade do autor a emissão de conceitos.

Nenhuma parte desta publicação poderá ser reproduzida por qualquer meio ou forma sem a prévia autorização da Editora InterSaberes.

A violação dos direitos autorais é crime estabelecido na Lei n. 9.610/1998 e punido pelo art. 184 do Código Penal.

Sumário

Apresentação, 9

Como aproveitar ao máximo este livro, 12

capítulo um Políticas monetárias e econômicas no pós-guerras, 18
- 1.1 Contexto histórico, 20
- 1.2 Fundamentos básicos das finanças internacionais, 22
- 1.3 Entreguerras e o sistema Bretton Woods, 28
- 1.4 Os planos Keynes e White, 35
- 1.5 Causas do colapso do sistema Bretton Woods, 39

capítulo dois Fundo Monetário Internacional (FMI), 46
- 2.1 Origem do FMI, 48
- 2.2 Estrutura organizacional do FMI, 50
- 2.3 Instrumentos de crédito internacionais, 53
- 2.4 O Brasil e o FMI, 56
- 2.5 Exemplos da relação de alguns países com o FMI, 63

capítulo três **Banco Internacional para Reconstrução e Desenvolvimento (Bird), 78**

    3.1 Origem e história do Bird, 80

    3.2 Estrutura organizacional do Grupo Banco Mundial, 83

    3.3 Atuação do Bird, 86

    3.4 Exemplos de financiamentos recentes do Bird, 92

capítulo quatro **Banco Interamericano de Desenvolvimento (BID), 104**

    4.1 Origem e países-membros do BID, 106

    4.2 Estrutura organizacional do BID, 108

    4.3 Início das operações do BID, 110

    4.4 O BID e os anos 1980, 113

    4.5 As relações do BID com o Brasil, 114

    4.6 Atuação recente do BID, 120

capítulo cinco **Sistema Econômico Latino-Americano e do Caribe (Sela), 128**

    5.1 Origem e países-membros do Sela, 130

    5.2 Objetivos do Sela, 131

    5.3 Estrutura do Sela, 133

    5.4 Áreas de trabalho do Sela, 135

    5.5 Exemplos de ações e participações do Sela, 137

capítulo seis **Organização para a Cooperação e Desenvolvimento Econômico (OCDE), 146**

    6.1 Origem e países-membros da OCDE, 148

    6.2 Processo de adesão, 150

    6.3 Estrutura organizacional da OCDE, 150

    6.4 O Brasil e a OCDE, 157

capítulo sete Política monetária e a crise do endividamento internacional, 170

    7.1 Política monetária, 172

    7.2 A crise imobiliária dos Estados Unidos: 2007-2009, 177

    7.3 A restrição de liquidez e as instituições financeiras no período de 2007 a 2009, 179

    7.4 A condução das políticas econômicas durante a crise imobiliária dos Estados Unidos, 184

Considerações finais, 193

Referências, 195

Respostas, 202

Sobre o autor, 211

Apresentação

Nesta obra, examinamos a evolução e o desenvolvimento do sistema financeiro internacional a partir da Grande Depressão (1929), seguida pela Segunda Guerra Mundial (1939-1945). Nossa proposta é apresentar as principais instituições financeiras mundiais criadas desde então, como o Fundo Monetário Internacional, o Banco Mundial, o Banco Interamericano de Desenvolvimento, o Sistema Econômico Latino-Americano e a Organização para a Cooperação e Desenvolvimento Econômico.

A elaboração desta obra visa preencher, de certa forma, a falta de textos sobre esse tema. De fato, são poucos os livros que apresentam uma evolução histórica do sistema financeiro internacional. É um livro técnico, escrito não apenas para os estudantes de ciências econômicas, relações internacionais, comércio exterior, administração e áreas ligadas às finanças, mas também para os profissionais das áreas de finanças e de negócios.

Para atingirmos esses objetivos, apresentaremos uma contextualização histórica destacando a importância dessas instituições, sua estrutura e seus desafios, por meio de um conteúdo organizado em sete capítulos.

No Capítulo 1, abordamos o sistema de Bretton Woods, sua criação, o debate em torno dele e sua decadência. O objetivo é descrever como a maior crise financeira do capitalismo, a Grande Depressão, desencadeou a necessidade de criar novas instituições do sistema financeiro internacional, bem como a ascensão do dólar como moeda de referência internacional.

No Capítulo 2, tratamos do Fundo Monetário Internacional (FMI), uma instituição fundamental para combater as crises financeiras internacionais. Examinamos a atuação recente desse fundo e, com base em alguns exemplos de projetos, buscamos analisar se o FMI conseguiu combater todas as últimas crises financeiras internacionais.

No Capítulo 3, discutimos a importância do Banco Internacional para Reconstrução e Desenvolvimento (Bird) no auxílio aos países europeus após a Segunda Guerra Mundial e sua atuação recente. O objetivo é estimular a capacidade de analisar os impactos de mudanças institucionais sobre o desenvolvimento socioeconômico dos países.

No Capítulo 4, nosso foco é o Banco Interamericano de Desenvolvimento (BID), atualmente sob a presidência do economista brasileiro Ilan Goldfajn. Analisamos sua história, sua estrutura organizacional e seus desafios, objetivando instigar o perfil analítico e crítico do leitor na interpretação das questões econômicas e institucionais, de acordo com o contexto histórico, político, social e cultural.

No Capítulo 5, abordamos o Sistema Econômico Latino-Americano (Sela) e sua ação no âmbito dos países da América Latina e do Caribe. Apresentamos sua origem, sua atuação recente e algumas questões importantes a respeito de sua estrutura e de seus principais comitês de ação.

No Capítulo 6, enfocamos a origem e a estrutura da Organização para a Cooperação e Desenvolvimento Econômico (OCDE). Examinamos o processo de acessão do Brasil à instituição e seus próximos passos, propondo uma reflexão sobre a importância de o Brasil ser membro efetivo da OCDE.

Por fim, no Capítulo 7, tratamos da política monetária internacional e da crise do endividamento internacional vivida, principalmente, nos Estados Unidos nos anos de 2007-2008, a maior crise financeira internacional desde a Grande Depressão de 1929. Buscamos analisar como os países devem utilizar suas políticas econômicas, em especial a monetária, em períodos de crise financeira.

Boa leitura!

Como aproveitar ao máximo este livro

Empregamos nesta obra recursos que visam enriquecer seu aprendizado, facilitar a compreensão dos conteúdos e tornar a leitura mais dinâmica. Conheça a seguir cada uma dessas ferramentas e saiba como estão distribuídas no decorrer deste livro para bem aproveitá-las.

Conteúdos do capítulo:
Logo na abertura do capítulo, relacionamos os conteúdos que nele serão abordados.

Após o estudo deste capítulo, você será capaz de:
Antes de iniciarmos nossa abordagem, listamos as habilidades trabalhadas no capítulo e os conhecimentos que você assimilará no decorrer do texto.

Conteúdos do capítulo:
- Sistema financeiro internacional.
- Transformações no sistema financeiro internacional no século XX.
- Criação e colapso do sistema Bretton Woods.

Após o estudo deste capítulo, você será capaz de:
1. explicar as causas do surgimento e da decadência do sistema Bretton Woods;
2. descrever o funcionamento, os objetivos e as funções do sistema financeiro internacional e as instituições que o compõem;
3. reconhecer a importância do sistema financeiro internacional para os fluxos de comércio entre países;
4. compreender como os países se financiam por meio do sistema financeiro internacional.

Para saber mais

Para saber mais
Sugerimos a leitura de diferentes conteúdos digitais e impressos para que você aprofunde sua aprendizagem e siga buscando conhecimento.

Para saber mais

Para se aprofundar a respeito do período da Grande Depressão, assista ao seguinte vídeo:

CANAL HISTORY BRASIL. **EUA**: os desafios de uma nação – A Grande Depressão. 24 Jan. 2022. Disponível em: <httpa://www.youtube.com/watch?v=T1efqn7IRkc>. Acesso em: 12 dez. 2023.

No Gráfico 1.1, vemos que, de 1929 a 1930, a bolsa norte-americana caiu, em média, 21,3% e, entre 1929 e 1933, reduziu em mais de 66%. Durante toda a década de 1930, os preços das ações permaneceram inferiores ao valor de 1929; eles retornaram a seus valores pré-crise apenas no final da Segunda Guerra Mundial (1939-1945).

Gráfico 1.1 – Preço médio anual das ações nos EUA: 1920-1941 (Índice geral das ações comuns, 1935-1939 = 100)[3]

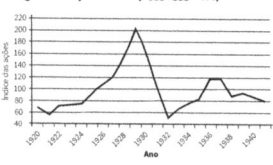

Fonte: Elaborado com base em Standard and Poor's Corporation, 2023.

---

[3] A data-base é composta de preço médio das ações entre os anos de 1935 e 1939. Com isso, um valor de 200 indica que os preços estavam o dobro da data-base.

3.2 Estrutura organizacional do Grupo Banco Mundial

A estrutura organizacional do Grupo Banco Mundial é composta por vários órgãos e departamentos que trabalham juntos para alcançar os objetivos da instituição. O Grupo Banco Mundial, como já citamos, é uma organização internacional especializada em desenvolvimento, cujo principal objetivo é reduzir a pobreza e promover o desenvolvimento econômico nos países em desenvolvimento.

Importante!

A denominação *Grupo Banco Mundial* refere-se às seguintes instituições: Banco Internacional para Reconstrução e Desenvolvimento (Bird), Associação Internacional de Desenvolvimento (IDA), Corporação Financeira Internacional (IFC), Agência Multilateral de Garantia de Investimentos (Miga) e Centro Internacional para Arbitragem de Disputas sobre Investimentos (ICSID). Por sua vez, a denominação *Banco Mundial* refere-se somente ao Bird e à IDA, entretanto, como já destacamos, o Bird é também referido como *Banco Mundial*. Com exceção da sigla Bird, as outras se referem às denominações em inglês.

A seguir, apresentamos os principais componentes da estrutura organizacional do Grupo Banco Mundial:
- **Assembleia dos Acionistas (Governadores)**: principal órgão do Banco Mundial, composto por todos os 189 países-membros, que se reúnem uma vez ao ano, em conjunto com o FMI, para deliberar sobre as diretrizes do banco.
- **Diretoria-Executiva**: área administrativa e operacional composta por 25 diretores-executivos, representando os países-membros ou grupos de países. Cada diretor-executivo é responsável por uma região específica do mundo. A eleição

---

Importante!
Algumas das informações centrais para a compreensão da obra aparecem nesta seção. Aproveite para refletir sobre os conteúdos apresentados.

Preste atenção!
Apresentamos informações complementares a respeito do assunto que está sendo tratado.

Preste atenção!
A crise norte-americana de crédito, que teve início nos empréstimos imobiliários *subprime* (hipotecas de maior risco ou de segunda linha), espalhou-se pelas economias desenvolvidas e emergentes, gerando ondas de recessão e deflação nos EUA e em vários países desenvolvidos. A crise trouxe, também, o medo do elevado desemprego e a possibilidade de se conviver com uma depressão.

Ashcraft e Schuermann (2008) descrevem o surgimento de vários problemas na concessão de empréstimos hipotecários nos EUA. Por exemplo, a instituição financeira da qual se originam os empréstimos tem uma informação privilegiada da qualidade do tomador de empréstimo em relação ao coordenador da securitização lastreada nos empréstimos hipotecários. O coordenador tem uma informação mais detalhada dos empréstimos imobiliários, pois é o responsável por criar o fundo com o *pool* dos empréstimos e conduz o *due diligence*[2]. Com isso, empréstimos de alto risco podem ser apresentados como seguros para outros investidores. Os autores concluem que as agências de classificação de crédito poderiam minimizar grande parte das assimetrias de informação caso elas fossem independentes (Ashcraft; Schuermann, 2008).

Como destacam Tong e Wei (2008), a crise do *subprime* espalhou-se para a atividade real, pois a restrição de liquidez reduziu a capacidade de consumo das famílias, e a falta de confiança no sistema financeiro levou à redução do investimento produtivo.

---

2 O procedimento de *due diligence* (diligência) é acompanhado por um estudo detalhado e aprofundado dos eventuais riscos obtendos pelo relacionamento com pessoas ou empresas.

Consultando a legislação
Listamos e comentamos nesta seção os documentos legais que fundamentam a área de conhecimento, o campo profissional ou os temas tratados no capítulo para você consultar a legislação e se atualizar.

Consultando a legislação

O Capítulo 11 (*Chapter 11*) é uma seção do Código de Falências dos Estados Unidos que permite a uma empresa com dificuldades financeiras continuar funcionando normalmente, o que possibilita a aprovação de um acordo entre a instituição financeira e seus credores. A proteção do Capítulo 11 pode ser requerida tanto pela empresa em dificuldades quanto por um de seus credores. Esse procedimento significa uma vontade de reestruturação da companhia, sob o controle de um tribunal.
UNITED STATES COURTS. **Chapter 11**: Bankruptcy Basics. Disponível em: https://www.uscourts.gov/services-forms/bankruptcy/bankruptcy-basics/chapter-11-bankruptcy-basics. Acesso em: 12 dez. 2023.

Paralelamente, o Banco Central dos EUA expandiu, de forma significativa, suas linhas de empréstimos (*swap*) para diversos bancos centrais da Europa, da América Latina e da Ásia. Com isso, a autoridade monetária pretendia evitar um colapso do sistema financeiro internacional. Por exemplo, 15 dias depois da quebra do Lehman Brothers, os empréstimos internacionais do FED somavam mais de US$ 650 bilhões.

Em uma ação coordenada, o Fundo Monetário Internacional (FMI) criou um pacote de liquidez de curto prazo (*short-term liquidity facility*), desenhado para ajudar os países-membros a enfrentar as dificuldades de liquidez temporária do mercado de capitais mundial. Seu presidente, Strauss-Kahn, declarou o compromisso do FMI em promover ações macroeconômicas coordenadas e cooperativas para lidar com a severa crise financeira, argumentando, em linhas gerais, que períodos excepcionais exigem respostas excepcionais para restabelecer a confiança e manter a estabilidade financeira mundial.

Síntese

Neste capítulo, abordamos a criação do sistema financeiro internacional em Bretton Woods e a origem de instituições fundamentais para estabilizar e fomentar a recuperação da economia mundial. Vimos que, durante o período da Grande Depressão dos anos 1930, as instituições e os governos não estavam maduros e desenvolvidos o suficiente para lidar com severos períodos de recessão econômica.

Como explicamos, após 1944, o dólar tornou-se a moeda de referência internacional, consolidando a hegemonia dos Estados Unidos. Destacamos também que o período que se seguiu à Segunda Guerra Mundial foi marcado pela expansão do comércio internacional e pela necessidade de gerações recorrentes e significativas do déficit comercial dos EUA. Como consequência, esses sucessivos déficits comerciais foram responsáveis pelo fim da paridade dólar-ouro em 1973, e as principais moedas mundiais passaram a flutuar essencialmente pelas condições de mercado.

Questões para revisão

1. Cite e explique pelo menos duas funções do sistema financeiro internacional.
2. Como a Grande Depressão afetou a produção e a taxa de desemprego na economia dos EUA?
3. Cite as principais divergências entre os planos Keynes e White.
4. Assinale a alternativa que indica corretamente qual foi o principal resultado da Conferência de Bretton Woods em relação ao sistema monetário internacional:
   a. Foi estabelecido um sistema de taxas de câmbio flutuantes.
   b. Foi estabelecido um sistema de taxas de câmbio fixas.

Síntese
Ao final de cada capítulo, relacionamos as principais informações nele abordadas a fim de que você avalie as conclusões a que chegou, confirmando-as ou redefinindo-as.

Questões para revisão
Ao realizar estas atividades, você poderá rever os principais conceitos analisados. Ao final do livro, disponibilizamos as respostas às questões para a verificação de sua aprendizagem.

---

   c. Desvalorização da moeda nacional.
   d. Redução dos gastos públicos e reformas estruturais.
   e. Ampliação dos gastos públicos.
12. Assinale a alternativa que indica corretamente qual foi o impacto do programa de resgate financeiro liderado pelo FMI e pela União Europeia na economia grega:
   a. O programa levou a uma rápida recuperação econômica da Grécia.
   b. O programa estabilizou a economia grega, mas não conseguiu promover o crescimento sustentável.
   c. O programa agravou a recessão na Grécia e aumentou o desemprego.
   d. O programa teve pouco impacto na economia grega, já que a maior parte dos recursos foi destinada ao pagamento da dívida.
   e. O programa recuperou rapidamente o mercado de trabalho, reduzindo a taxa de desemprego.

Questão para reflexão

1. Em 1998 e 1999, o Brasil enfrentou uma crise financeira que afetou a estabilidade econômica e a confiança dos investidores no país, gerando uma maxidesvalorização do real em relação ao dólar, conforme vemos no Gráfico A.

Questões para reflexão
Ao propormos estas questões, pretendemos estimular sua reflexão crítica sobre temas que ampliam a discussão dos conteúdos tratados no capítulo, contemplando ideias e experiências que podem ser compartilhadas com seus pares.

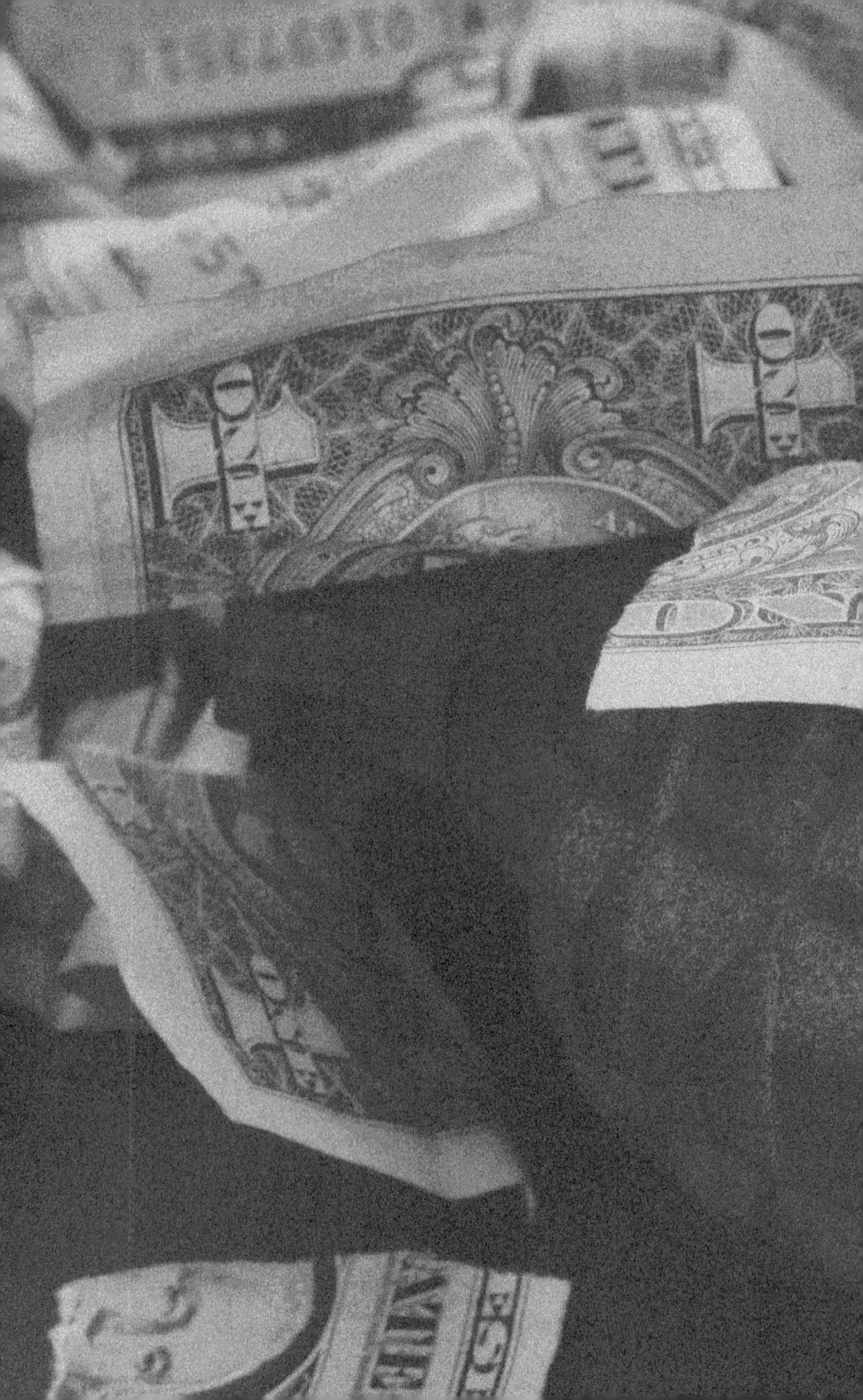

capítulo um

Políticas monetárias e econômicas no pós-guerras

Conteúdos do capítulo:

- Sistema financeiro internacional.
- Transformações no sistema financeiro internacional no século XX.
- Criação e colapso do sistema Bretton Woods.

Após o estudo deste capítulo, você será capaz de:

1. explicar as causas do surgimento e da decadência do sistema Bretton Woods;
2. descrever o funcionamento, os objetivos e as funções do sistema financeiro internacional e as instituições que o compõem;
3. reconhecer a importância do sistema financeiro internacional para os fluxos de comércio entre países;
4. compreender como os países se financiam por meio do sistema financeiro internacional.

1.1 Contexto histórico

A origem do sistema capitalista industrial ocorreu no final do século XIV, na Inglaterra, com a Revolução Industrial. Nesse período, a Inglaterra tornou-se a grande potência econômica, dominando o comércio e a produção mundial. No decorrer do século XIX, a industrialização avançou para outros países europeus, como França, Itália e Alemanha, e também para os Estados Unidos e o Japão.

Com um mundo cada vez mais industrializado, o sistema financeiro foi se desenvolvendo e se complexificando. Mais uma vez, a Inglaterra constituiu-se na referência internacional de sistema de pagamentos, sendo a libra a principal moeda de pagamentos internacionais. O comércio mundial passou a ter a libra como referência e sua correlação com o ouro. Países com superávit externo acumulavam libras e podiam trocá-las por ouro, a uma taxa de câmbio fixa. Os países deficitários, no entanto, precisavam utilizar suas libras para cumprir com seus compromissos e, se possível, financiar seus déficits com empréstimos internacionais.

O sistema padrão-libra funcionou no século XIX e no início do século XX, contudo, durante a Primeira Guerra Mundial (1914-1918), foi abandonado porque os países passaram a imprimir moeda para financiar suas despesas de guerra. Durante a década de 1920, o sistema padrão-libra foi gradativamente restabelecido nos países desenvolvidos.

Durante a Grande Depressão (1929), o sistema financeiro internacional (SFI) baseado na libra deixou de funcionar e os países industrializados foram gradualmente abandonando esse mecanismo. Em outras palavras, o SFI ficou fragmentado e uma nova ordem econômica deveria ser estabelecida.

Foi nesse cenário que se desenvolveu e se criou o sistema Bretton Woods, com o dólar como moeda de referência internacional.

Em julho de 1944, representantes de 44 países reuniram-se na cidade de Bretton Woods, em New Hampshire, nos Estados Unidos, para a Conferência Monetária e Financeira das Nações Unidas, com o objetivo de criar um sistema monetário internacional e uma nova arquitetura mundial. O câmbio tornou-se ajustável para eliminar déficits externos, e o controle de capitais foi implementado, com o objetivo de evitar fluxos de capitais voláteis.

Essa conferência foi acompanhada por um debate entre John Maynard Keynes, o representante do Tesouro do Reino Unido, e Harry Dexter White, representante do Tesouro dos Estados Unidos. Os norte-americanos saíram vitoriosos do debate, e o SFI passou a adotar o dólar como padrão de referência nas transações internacionais.

A criação do sistema Bretton Woods colocou em cena dois atores importantíssimos para o SFI – o Fundo Monetário Internacional (FMI) e o Banco Internacional para Reconstrução e Desenvolvimento (Bird), atualmente referido como Banco Mundial – para ajudar no desenvolvimento dos países e financiar desequilíbrios macroeconômicos, tornando o sistema capitalista mais sólido. Além disso, houve o fortalecimento da economia norte-americana.

De fato, o século XX foi marcado por grandes transformações no SFI. Após a Segunda Guerra Mundial, as instituições foram se desenvolvendo e possibilitaram um crescimento econômico mais duradouro da economia mundial. Em 2008, no entanto, a crise financeira internacional iniciada no mercado imobiliário norte--americano abalou o sistema financeiro, e severas medidas foram tomadas pelo Federal Reserve Board (FED), o banco central dos EUA, e pelo governo norte-americano.

1.2 *Fundamentos básicos das finanças internacionais*

O sistema financeiro internacional (SFI) é formado por um conjunto de instituições que se dedicam, de algum modo, ao fluxo de recursos financeiros (ativos e contratos) entre poupadores e investidores. No âmbito internacional, os países podem ser superavitários, acumulando reservas, ou deficitários, reduzindo seu volume de reservas internacionais.

O SFI exerce também a função de organizar um sistema de pagamentos em divisas internacionais, permitindo a liquidação das operações comerciais e financeiras entre diversos países. A Figura 1.1 ilustra o fluxo internacional entre as nações.

Figura 1.1 – Fluxo de fundos pelo sistema financeiro internacional

Países poupadores		Sistema financeiro internacional		Países gastadores
Superávit em transações correntes	FUNDOS →		FUNDOS →	Déficit em transações correntes

O fluxo ilustrado na Figura 1.1 é composto por países com superávit em transações correntes no balanço de pagamento; são consideráveis nações superavitárias, com um setor externo positivo, que acumulam reservas internacionais ou ouro. Esses países, por meio do SFI, financiam os países com déficits em transações correntes, ou seja, nações gastadoras. Em geral, são nações que precisam de recursos para financiar seu crescimento e seu desenvolvimento econômico.

Dessa forma, países deficitários buscam recursos para equilibrar seu setor externo e manter a moeda estável. É muito comum que as economias deficitárias sofram com a desvalorização de suas taxas de câmbio e com problemas inflacionários.

A **taxa de câmbio** é o preço da moeda estrangeira em função da moeda doméstica. No Brasil, utilizamos a razão R$/US$ para expressar essa relação. Por exemplo, quando a taxa de câmbio passa de R$ 5,00/US$ 1,00 para R$ 5,50, ocorre uma desvalorização do real, ou seja, da taxa de câmbio, e uma pressão para aumentar os preços da inflação. Por sua vez, quando o câmbio passa de R$ 5,00/US$ 1,00 para R$ 4,50, há uma valorização da taxa de câmbio e uma pressão para que ocorra a queda da inflação.

Em linhas gerais, o regime de câmbio pode ser flutuante ou fixo. Atualmente, a economia brasileira e grande parte dos países adotam um regime de câmbio flutuante. O sistema de Bretton Woods (do qual trataremos mais à frente) estipulou, entretanto, um regime de câmbio fixo entre o dólar e uma quantidade fixa de ouro. Os países adotaram, então, um regime de câmbio fixo no dólar e puderam garantir sua quantidade de ouro no SFI.

Os movimentos da taxa de câmbio de um país são fortemente influenciados pelo setor externo. O **setor externo** de um país é conhecido como *estrutura do balanço de pagamentos* e pode ser dividido em duas grandes contas: 1) Saldo em Transações Correntes e 2) Saldo na conta Capital e Financeira[1].

O Saldo em Transações Correntes é a conta operacional do setor externo, definida pela balança comercial, pela balança de serviços, pela conta Renda e pela transferência unilateral. Quando ela está negativa, isso significa que o país em questão está absorvendo recursos externos e precisa se financiar.

O saldo da conta Capital e Financeira é definido pelas operações de empréstimos, financiamentos, investimento estrangeiro direto e amortizações. A seguir, apresentamos a estrutura do balanço de pagamentos, descrita por Dezordi (2009, p. 43-44):

---

1 Excluindo a conta Erros e Omissões.

A. TRANSAÇÕES CORRENTES

A1. Balança comercial (FOB)

Exportações de bens (crédito)

Importações de bens (débito)

A2. Serviços (receitas e despesas): transportes, viagens internacionais, seguros, *royalties* e licenças, aluguel de equipamentos e gastos diplomáticos.

A3. Rendas (receitas e despesas): lucros e dividendos, juros, salários e ordenados.

A4. Transferências unilaterais correntes (receitas e despesas)

B. CONTA CAPITAL E FINANCEIRA

B1. Conta Capital (receitas e despesas)

B2. Conta Financeira (crédito e débito)

Investimento direto: investimento brasileiro direto, empréstimo intercompanhia, investimento estrangeiro direto e reinvestimentos.

Investimento em carteira: ações de companhias brasileiras e estrangeiras, títulos de renda fixa de CP e LP e *Notes* e *Commercial papers* LP.

Derivativos

Outros investimentos: empréstimos e financiamentos de CP e LP de empresas e da autoridade monetária[2], amortizações pagas e recebidas e atrasados.

C. ERROS E OMISSÕES

A+B+C = RESULTADO DO BALANÇO DE PAGAMENTOS

D. HAVERES DA AUTORIDADE MONETÁRIA (– = AUMENTO)

Como vemos na descrição, o setor externo pode apresentar três saldos. O primeiro é o superávit no balanço de pagamentos e a entrada líquida de moeda estrangeira, ou seja, dólares. Nesse caso, há uma tendência à valorização da taxa de câmbio (queda) e à diminuição dos haveres com o exterior.

---

[2] Por exemplo, as operações de regularização das autoridades monetárias com o FMI.

O segundo é o déficit externo e a saída líquida de dólares. Há, portanto, uma tendência à desvalorização cambial (alta) e ao aumento dos haveres com o exterior. O terceiro é o equilíbrio do setor externo e da taxa de câmbio.

Os países com déficit em transações correntes devem financiar essas contas com saldos positivos na conta Capital e Financeira. Caso contrário, poderão sofrer graves desvalorizações nas respectivas taxas de câmbio e pressões inflacionárias em sua economia.

Vemos, portanto, que o SFI, por meio de suas instituições, tem como função:

- **Captar recursos financeiros**: é necessário garantir que os recursos em excesso dos países superavitários sejam canalizados para os países deficitários, os quais precisam financiar seus déficits comerciais, por exemplo.
- **Distribuir e fazer circular valores e títulos mobiliários**: quando um país precisa de recursos, ele emite um título da dívida externa, o qual é um valor mobiliário. Os bancos com atuação internacional ajudam na emissão e na distribuição desses títulos, que representam a dívida externa de uma determinada economia.
- **Promover o desenvolvimento econômico e social**: os países em desenvolvimento necessitam de recursos com taxa de juros baixa e condição de financiamento especial. Os organismos internacionais podem proporcionar essas condições financiando infraestrutura, produção e projetos sociais.
- **Garantir o crescimento sustentável**: quando um país apresenta déficit em transações correntes, ele deve se financiar para não ter problema de inflação. Com isso, o SFI deve prover o recurso necessário para reequilibrar o setor externo e propiciar a expansão do produto interno bruto (PIB) com baixa inflação.
- **Estabilizar as taxas de câmbio e sustentar o comércio internacional**: os países superavitários devem financiar as economias deficitárias, equilibrando, com isso, a taxa de câmbio.

- **Alocar recursos para países em crescimento**: os países em desenvolvimento precisam de recursos para ampliar sua produção e sua infraestrutura. Nesse sentido, o mercado financeiro internacional pode promover esses empréstimos e financiamentos a custos acessíveis.
- **Financiar as políticas públicas**: muitos governos precisam financiar sua política fiscal com dívida externa. Então, o SFI pode prover recursos para compor o orçamento do governo a fim de que este desenvolva políticas de reformulação do Estado e de programas sociais.
- **Financiar o crescimento das empresas privadas**: as empresas privadas precisam financiar sua produção, comprando insumos, máquinas e equipamentos.

O amadurecimento do capitalismo gerou o desenvolvimento de organizações e instituições, principalmente após o acordo de Bretton Woods. Atualmente, as principais instituições do SFI são as listadas a seguir e serão descritas nos próximos capítulos:

- **Fundo Monetário Internacional (FMI)**: criado em 1944, na Conferência Monetária e Financeira das Nações Unidas, em Bretton Woods, com base no Plano White. Sua função principal é ajudar os países-membros com dificuldade em equilibrar seu balanço de pagamentos (setor externo), evitando fortes desvalorizações de suas moedas e surtos inflacionários.
- **Banco Internacional para Reconstrução e Desenvolvimento (Bird)**: criado em 1944, na Conferência de Bretton Woods, com o objetivo de promover garantias e empréstimos para a reconstrução dos países-membros abalados pela Segunda Guerra Mundial.

- **Banco Interamericano de Desenvolvimento (BID)**: criado em 1959, durante a Guerra Fria. Tem a função primordial de ampliar o apoio na agenda social para evitar o avanço do comunismo na América Latina. A influência da antiga União Soviética (1922-1991) na região e o avanço do comunismo em Cuba fortaleceram a criação do BID.
- **Organização para a Cooperação e Desenvolvimento Econômico (OCDE)**: organização econômica intergovernamental, fundada em 1961, com sede no Château de la Muette, em Paris, na França. Seu objetivo principal é gerar desenvolvimento e progresso econômico, fomentando o comércio internacional e promovendo políticas que visem ao bem-estar das pessoas.
- **Bancos centrais**: esse bancos foram se desenvolvendo, em grande medida, no início do século XX, com a função de controlar o processo inflacionário, fornecer assistência financeira aos bancos comerciais e evitar crises sistêmicas no mercado de crédito.
- **Bank for International Settlements (BIS)**: em português, Banco de Compensações Internacionais. É o banco central dos bancos centrais e tem como função especial controlar as reservas internacionais e a liquidez dos fluxos de pagamentos internacionais, bem como promover a cooperação monetária e financeira internacional.

Como descreve Eichengreen (2000), o SFI é a "cola" que mantém conectadas as economias de diferentes países, com as funções básicas de manter a estabilidade dos mercados cambiais, possibilitar a eliminação de problemas externos – do balanço de pagamentos – e providenciar acesso a créditos internacionais em casos extremos e perturbadores.

Países com problemas no balanço de pagamentos tendem a sofrer forte desvalorização de sua moeda e, como consequência, pressões inflacionárias, desestabilizando seu aparelho produtivo. Nesse caso, essas nações precisarão de ajuda para restabelecer o equilíbrio externo. Os fundos ajudarão a estabilizar o mercado de câmbio e a controlar os preços domésticos. O mercado financeiro auxiliará, portanto, no bem-estar da população, provendo o equilíbrio macroeconômico do país.

O SFI é determinado pelos seus arranjos monetários e cambiais que são adotados pelos países em suas políticas internacionais. O período do padrão-ouro, de 1870 até 1914, foi marcado pelo domínio da Grã-Bretanha, influenciando diversos países, como Alemanha, Japão e Estados Unidos. Nesse período, o Bank of England (Banco Central da Inglaterra) comprometia-se a trocar notas por ouro, com base em uma taxa fixa, e os países seguiam essa regra. Contudo, durante a Primeira Guerra Mundial, os governos suspenderam o padrão-ouro, com o objetivo de financiar seus gastos militares com a emissão monetária. Entretanto, o padrão-ouro se restabeleceu nos anos 1920, nas principais economias mundiais.

1.3 *Entreguerras e o sistema Bretton Woods*

A Grande Depressão dos anos 1930 foi um período de crises bancárias, instabilidade financeira e forte recessão econômica. Em 24 de outubro de 1929, o pregão da Bolsa de Nova Iorque foi marcado por um pessimismo generalizado, que se alastrou e levou a uma situação de pânico e de venda expressiva dos papéis. A "Quinta-Feira Negra", como ficou conhecida a data, jogou para baixo os preços das ações em razão do medo de uma recessão generalizada na economia.

> **Para saber mais**
>
> Para se aprofundar a respeito do período da Grande Depressão, assista ao seguinte vídeo:
>
> CANAL HISTORY BRASIL. **EUA**: os desafios de uma nação – A Grande Depressão. 24 jan. 2022. Disponível em: <https://www.youtube.com/watch?v=T1efqn7IRkc>. Acesso em: 12 dez. 2023.

No Gráfico 1.1, vemos que, de 1929 a 1930, a bolsa norte-americana caiu, em média, 21,3% e, entre 1929 e 1933, reduziu em mais de 66%. Durante toda a década de 1930, os preços das ações permaneceram inferiores ao valor de 1929; eles retornaram a seus valores pré-crise apenas no final da Segunda Guerra Mundial (1939-1945).

Gráfico 1.1 – Preço médio anual das ações nos EUA: 1920-1941 (Índice geral das ações comuns, 1935-1939 = 100)[3]

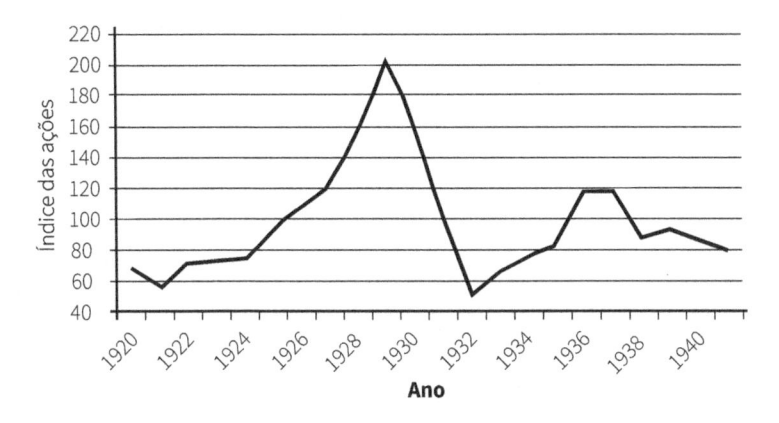

Fonte: Elaborado com base em Standard and Poor's Corporation, 2023.

---

[3] A data-base é composta de preço médio das ações entre os anos de 1935 e 1939. Com isso, um valor de 200 indica que os preços estavam o dobro da data-base.

O sistema financeiro e as corretoras de valores foram as atividades que inicialmente mais sofreram com a queda da bolsa. De acordo com o Federal Reserve Bank (FED), o banco central dos Estados Unidos, em dezembro de 1929, havia 24.026 bancos comerciais operando nos EUA (FED, 1943). No mesmo mês de 1930, esse número já havia caído para 22.172, chegando a 19.375 no ano seguinte e a 15.519 em 1933, o pior ano do período da Grande Depressão (FED, 1943).

Isso significa dizer que, em quatro anos consecutivos, 6.653 bancos comerciais, ou seja, as principais instituições do sistema financeiro, pediram falência ou foram incorporados por outras instituições. Houve uma queda de 30% no número de instituições bancárias. O caso mais preocupante foi a falência, em dezembro de 1931, do Bank of United States, com mais de US$ 200 milhões em depósitos (FED, 1943).

Como consequência, a concessão de empréstimos foi drasticamente reduzida. Em 1929, os bancos comerciais emprestaram cerca de US$ 49,4 bilhões para o consumo e o investimento das empresas. Em 1933, esse valor foi reduzido para US$ 30,4 bilhões, uma queda de 38,5% (FED, 1943).

No momento em que a crise do sistema financeiro, gerada pela queda repentina das ações, atinge as decisões de investimento e de consumo dos agentes econômicos, a recessão econômica começa a ser observada com mais vigor nas variáveis reais da economia – PIB real, emprego, poder de compra, produção física industrial.

É fácil compreender, por exemplo, que, se o consumo das famílias e o investimento das empresas se elevam em um determinado período[4], então a economia cresce. Não foi isso, no entanto, que ocorreu após a crise financeira de 1929.

---

4 Um crescimento não inflacionário.

Gráfico 1.2 – Desempenho anual do PIB (em %) dos EUA durante a Grande Depressão

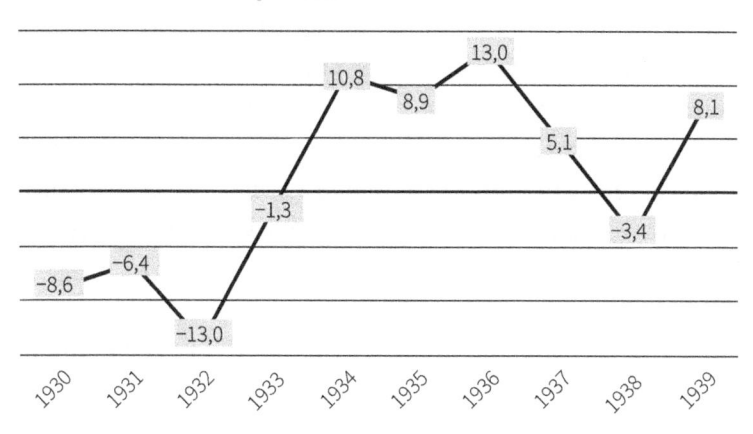

Ano	1930	1931	1932	1933	1934	1935	1936	1937	1938	1939
PIB (%)	-8,6	-6,4	-13,0	-1,3	10,8	8,9	13,0	5,1	-3,4	8,1

Fonte: Elaborado com base em BEA, 2023.

No Gráfico 1.2, vemos que, em 1930, o PIB[5] da economia norte-americana sofreu uma retração de 8,6%, sendo que o consumo das famílias caiu 3,99%[6] e o investimento privado nacional retraiu 5,23%. Em 1932, o PIB caiu 13,0% e, mais uma vez, observou-se uma forte retração do consumo (-7,0%) e dos investimentos (-5,3%).

No ano seguinte, a economia retraiu novamente, em 1,3%. O valor em si parece pouco comparando-se com os anos anteriores, mas devemos destacar que uma queda de 1,3% em 1933 em relação a 1932, que é uma base estatística muito fraca, é um valor expressivo. Em 1933, a economia norte-americana encontrava-se no fundo da Grande Depressão.

Entre os anos de 1929 e 1932, os gastos do governo ficaram praticamente estagnados, em torno de US$ 6,5 bilhões, representando cerca de 6% do PIB[7]. Ademais, com a queda da renda em virtude da recessão, a arrecadação total do governo declinou de

---

5 Neste caso, trata-se do PIB real, descontando-se as variações nos preços.

6 O consumo de bens duráveis das famílias caiu 1,56%, pela escassez de crédito.

7 Para um PIB nominal de 1929.

US$ 9,9 bilhões em 1929 para o menor valor de US$ 7,7 bilhões em 1932.

Nesse mesmo período, o governo registrou um superávit comercial na ordem de US$ 2,6 bilhões em 1929 e um ligeiro déficit público de aproximadamente US$ 700 milhões. Essa inversão do orçamento governamental ocorreu mais pela queda da arrecadação do que pelo aumento nos gastos públicos. Pelo contrário, no início da recessão econômica, o investimento governamental anual caiu de US$ 2,8 bilhões em 1929 para US$ 2,1 bilhões em 1932, chegando a US$ 1,9 bilhão no ano seguinte.

Em razão da crise mundial, as exportações também sofreram considerável arrefecimento. De acordo com os dados do comércio dos EUA, o volume médio mensal das exportações caiu mais de 60% entre os anos de 1929 e 1933. A produção industrial geral e a de bens de consumo duráveis caíram 47,3% e 68,9%, respectivamente, entre 1929 e 1932.

Considerando uma retração de todas as variáveis da demanda agregada, podemos argumentar que a crise atingiu proporções enormes. A pobreza no mundo e nos Estados Unidos aumentou drasticamente, assim como a perda no poder aquisitivo.

Com a queda substancial do PIB, no início da crise de 1930, o desemprego explodiu. Em 1929, nos Estados Unidos, havia 1,5 milhão de desempregados e a taxa de desemprego era de 3,2% da força de trabalho. Em um ano, o número de pessoas sem emprego aumentou para 4,3 milhões, ou 8,7% da população economicamente ativa (PEA).

Em 1932, em uma situação caótica da economia mundial, a taxa de desemprego norte-americana foi de 23,6% da PEA, representando cerca de 12 milhões de pessoas desesperadas por um trabalho. No ano seguinte, a taxa de desemprego aumentou para 24,9% da força de trabalho, isto é, mais de 12,8 milhões de pessoas esperando um emprego (EUA, 2023)[8].

---

[8] Uma taxa natural de desemprego refere-se a um crescimento econômico do PIB próximo de seu nível de pleno emprego.

Figura 1.2 – Fila de desempregados no período da Grande Depressão nos EUA

Com o objetivo de combater a alta taxa de desemprego e a recessão econômica, vários países foram abandonando o padrão-ouro, baseado na libra. A Grã-Bretanha o abandonou em 19 de setembro de 1931, fazendo com que a libra perdesse 1/3 de seu valor em relação ao ouro em três meses.

Eichengreen (2000) argumenta que, já no início de 1932, 25 países seguiram a Grã-Bretanha e abandonaram o padrão-ouro. A conversibilidade ao ouro ficou restrita a França, Bélgica, Holanda, Suíça, Polônia, Tchecoslováquia, Romênia e Estados Unidos. Os países que abandonaram o sistema monetário da conversibilidade do ouro atrelaram suas moedas à libra e, com isso, conseguiram baixar suas taxas de juros para estimular a recuperação econômica.

Como o padrão-ouro restringia a utilização de políticas anticíclicas, em abril de 1933, Franklin Roosevelt, presidente dos Estados Unidos, suspendeu sua conversibilidade. O dólar se desvalorizou inicialmente em mais de 10% em 1934.

Como vemos no Gráfico 1.3, em 1937, nenhum país adotava mais o padrão-ouro. O SFI estava à deriva e precisava ser reformulado.

Gráfico 1.3 – Número de países adotantes do padrão-ouro, 1921-1937

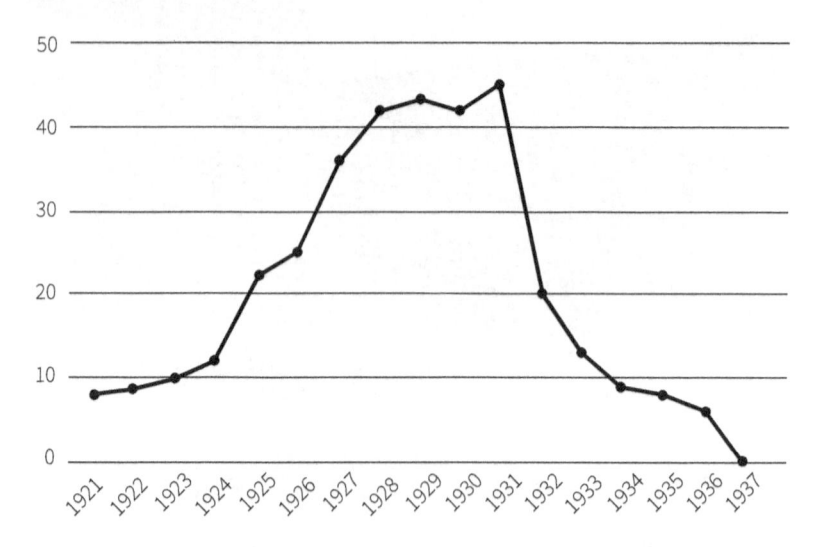

Fonte: Eichengreen, 2000, p. 78.

Como já citamos, antes do fim da Segunda Guerra Mundial, em julho de 1944, representantes de 44 países reuniram-se em Bretton Woods, em New Hampshire, com o objetivo de criar um novo sistema monetário internacional, que ficou conhecido como *sistema Bretton Woods*.

Segundo Eichengreen (2000), esse sistema afastou-se em quatro aspectos fundamentais do padrão-ouro inglês: 1) câmbio ajustável, para eliminar déficits externos; 2) controle de capitais, com o objetivo de evitar fluxos de capitais voláteis; 3) criação do FMI, com o intuito de monitorar as políticas econômicas nacionais e oferecer financiamento externo aos países com déficits externos; 4) criação do Bird.

O acordo de Bretton Woods impunha taxas de câmbio fixas em relação ao dólar norte-americano, com um preço do ouro em dólar de US$ 35 por onça. Eram permitidos, entretanto, ajustes nas taxas de câmbio para os países com problemas de déficits em seu balanço de pagamentos. O controle de capitais regulava os mercados financeiros para canalizar o crédito para setores estratégicos da economia. O FMI, como instituição de apoio aos países com déficits em transações correntes, ajudava a restabelecer o equilíbrio externo, mediante suas operações de empréstimos internacionais.

Domingues e Maciel (2016) descrevem os principais motivos para o avanço do acordo de Bretton Woods: a Grande Depressão, o enfraquecimento do padrão-ouro, a inexistência de cooperação internacional das políticas monetárias e o aumento das tensões entre os países e suas fronteiras.

O novo sistema criado a partir da Conferência Monetária e Financeira das Nações Unidas, em Bretton Woods, reconfigurou o SFI. Com a criação do FMI, a ajuda aos países com problemas financeiros possibilitou gerar maior estabilidade para a taxa de câmbio e o controle de capitais.

Esses mecanismos de controle de fluxos de capitais, que serão analisados nos próximos capítulos, possibilitaram, por exemplo, a adoção de amplos programas de financiamento aos países afetados pela Segunda Guerra Mundial. Mas, antes de o sistema operar, um grande debate entre norte-americanos e britânicos ocorreu e divergências foram observadas.

1.4 *Os planos Keynes e White*

Desde 1940, planejava-se o desenho da nova ordem monetária internacional, e as versões finais, formalizando a base da Declaração Conjunta, foram publicadas em 1943 pelos especialistas britânicos, liderados por John Maynard Keynes, e pelos especialistas norte-americanos, liderados pelo então ministro das Finanças Harry Dexter White. O debate entre esses dois acadêmicos foi intenso e com muitas divergências.

Os Estados Unidos encontravam-se em uma posição mais vantajosa pelo elevado nível de reservas em ouro que haviam acumulado em Fort Knox, um posto do Exército, no estado de Kentucky, onde está depositada grande parte do ouro estocado pelo país.

White propôs um plano com base na paridade dólar-ouro, tornando o dólar a moeda internacional. Por sua vez, a proposta de Keynes baseava-se na criação de uma moeda internacional nova, o bancor[9], que seria controlada por suas instituições e pelo International Clearing Union, uma espécie de banco central dos bancos centrais.

Fobe (2014) esclarece que a International Clearing Union seria uma espécie de banco central mundial, como o BIS, que mencionamos no início do capítulo. Ela deveria, portanto, centralizar as transações entre os países com base nos registros dos respectivos bancos centrais. Paralelamente, seria criado um novo sistema monetário internacional com a moeda escritural (sem emissão física) bancor, que seria utilizada exclusivamente pelas autoridades monetárias nas transações internacionais.

Keynes pretendia sanear dois problemas do padrão-ouro, de acordo com Fobe (2014). Primeiramente, sendo o ouro um recurso natural escasso, este poderia limitar o desenvolvimento do comércio e os fluxos internacionais de moeda, em especial da libra ou do dólar. Ou seja, em períodos de crescimento econômico prolongado e falta de ouro, poderia ocorrer uma falta de liquidez, abortando-se, assim, o crescimento.

---

9 Do francês *banque* (banco) e *or* (ouro).

O segundo fator diz respeito ao ajuste recessivo que o país com déficits comerciais ou em transações correntes deveria enfrentar para reequilibrar sua economia. Esses países, no padrão-ouro, deveriam restringir o crescimento de sua renda para reduzir as importações e, com isso, gerar, se possível, novos superávits comerciais. Com o bancor, haveria um ajuste que estimularia os países superavitários a aumentar suas importações, ajudando o reequilíbrio das economias com déficits comerciais.

O Plano Keynes tinha como fundamento a criação de um novo sistema financeiro internacional mais equilibrado e cooperativo entre os países superavitários e deficitários. Ao mesmo tempo, criava um banco central internacional e uma moeda única, o bancor. O plano, portanto, evitava criar a hegemonia norte-americana, reduzindo as desigualdades econômicas entre as nações e estabelecendo um sistema que permitisse o financiamento de projetos de desenvolvimento econômico em países em desenvolvimento.

Podemos argumentar que os dois planos tinham objetivos convergentes no sentido de estabilizar o sistema monetário internacional, mas com formas diferentes de alcançá-los. O Plano Keynes priorizava a cooperação internacional e a igualdade econômica entre as nações, principalmente em períodos de ajustes econômicos. Por sua vez, o Plano White enfatizava o papel dominante dos Estados Unidos no SFI, com a hegemonia do dólar como padrão financeiro mundial.

Cabe destacar que a maior divergência entre os planos foi a adoção do dólar como moeda internacional. De um lado, os norte-americanos defendiam o dólar como moeda de referência internacional, com o intuito de dominar as relações comerciais entre os países. Do outro lado, os britânicos defendiam uma moeda supranacional, o bancor, que seria utilizada no comércio internacional como unidade de conta do International Clearing Union, o qual deveria ser fundado.

Os norte-americanos negaram o bancor e, nesse quesito, a proposta de White saiu vitoriosa. Por sua vez, os EUA aceitaram uma flexibilização na paridade fixa em condições especiais, sob controle de capitais.

No Quadro 1.1, temos um resumo desse debate e, em amarelo, alguns pontos dominantes entre as duas propostas. Por exemplo, na flexibilidade na taxa de câmbio dos países credores, a proposta de White para a criação do FMI saiu vitoriosa, mas com alterações propostas por Keynes, no que se refere às modificações controladas nas taxas de câmbio, principalmente nos países deficitários. Na essência, porém, a proposta de White de proteção do comércio internacional a partir de um fundo de estabilização, o precursor do FMI, saiu vitoriosa.

Quadro 1.1 – Planos de White e de Keynes

Fatores	Plano White	Plano Keynes
Moeda internacional	Padrão dólar-ouro	Criação do bancor e da International Clearing Union
Flexibilidade na taxa de câmbio dos países credores	Paridade fixa sob supervisão de uma instituição internacional com poder de veto sobre as mudanças	Permitir que os países modificassem suas taxas de câmbio para compatibilizar o pleno emprego com o desempenho do setor externo
Mobilidade de capitais	Liberdade de capitais	Controle de capitais

Fonte: Elaborado com base em Eichengreen, 2000.

A proposta de Keynes sobre controle de capitais ganhou relevância e, realmente, a liberalização do capital teve sua maior influência na economia mundial a partir dos anos 1970, sob o regime de câmbio flexível. A ideia central do economista britânico era evitar ataques especulativos sobre a moeda em períodos de incertezas econômicas. Com isso, o controle de capitais ajudaria a manter o câmbio fixo.

Cozendey (2013, p. 40) argumenta e reforça esse pensamento:

Para Keynes, a gestão da economia doméstica dependia da autonomia de fixação das taxas de juros independente das taxas no resto do mundo. Dessa forma, os fluxos de capital, que desempenhavam papel central no ajuste do padrão-ouro, deveriam ser controlados para evitar que a fuga de capitais obrigasse à elevação dos juros.

> **Para saber mais**
>
> Para aprofundamento nesse tema, sugerimos a leitura da obra de Benn Steil, em inglês.
>
> STEIL, B. **The Battle of Bretton Woods**: John Maynard Keynes, Harry Dexter White, and the Making of a New World Order. Princeton: Princeton University, 2013.

1.5 *Causas do colapso do sistema Bretton Woods*

O acordo de Bretton Woods, que impunha taxas de câmbio fixas em relação ao dólar norte-americano, com um preço do ouro em dólar, US$ 35 por onça, durou até 15 de agosto de 1971, quando os Estados Unidos, de forma unilateral, suspenderam a conversibilidade do dólar em ouro. Essa decisão ficou conhecida como *choque Nixon*. O dólar passou, então, a ser reserva de valor para muitos países e estes passaram a adotar um regime de câmbio flexível.

Para que o sistema padrão dólar-ouro financiasse o crescimento do comércio mundial, era necessário que os Estados Unidos incorressem em déficits em seu balanço de pagamentos. Nesse caso, haveria uma irrigação de dólares na economia mundial, que poderia efetuar suas transações comerciais. A Figura 1.3 ilustra bem esse caso.

Figura 1.3 – Relações comerciais e do balanço de pagamentos dos EUA e dos outros países do mundo

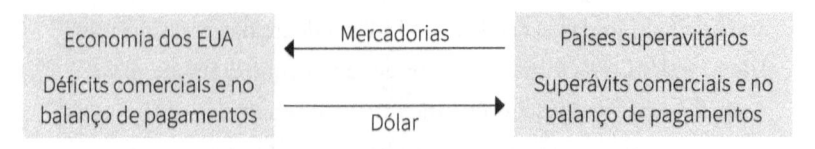

Economia dos EUA	← Mercadorias —	Países superavitários
Déficits comerciais e no balanço de pagamentos	— Dólar →	Superávits comerciais e no balanço de pagamentos

À medida que o comércio internacional se desenvolvia, a moeda dos Estados Unidos foi se tornando o dinheiro hegemônico nas reservas mundiais e a referência de todo o sistema financeiro mundial.

O sistema de Bretton Woods funcionou bem até o final dos anos 1950. O dólar fluía bem das economias superavitárias para as deficitárias, a partir do funcionamento dos mercados financeiros. Contudo, em 1959, Robert Triffin, professor de economia de Yale, previu problemas. De acordo com Moffitt (1984), Triffin argumentava que o sistema de Bretton Woods era congenitamente fraco, isto é, havia um problema em seu DNA, em sua formação. Sua visão era a de que o mecanismo de sucesso do sistema – os crônicos déficits no balanço de pagamentos dos Estados Unidos – representava o início do fim do sistema. A essência de seu argumento segue a lógica da Figura 1.3, na qual os EUA precisariam incorrer em constantes déficits externos para garantir o fluxo de dólares para as transações internacionais (Moffitt, 1984).

Segundo Moffitt (1984), o dilema de Triffin era que os déficits externos dos Estados Unidos não poderiam ser a fonte de dólares e de liquidez internacional para sempre. Em outras palavras, a quantidade de papel-moeda em circulação ficaria muito superior à quantidade de ouro e, com isso, a manutenção do padrão dólar-ouro em uma taxa de câmbio fixa ficaria insustentável.

Moffitt (1984, p. 28-29) explica que "o estoque de ouro do Tesouro diminuiria, solapando a confiança na capacidade dos Estados Unidos de honrar o lastro de dólar em ouro, levando, portanto, a uma crise monetária internacional".

Conforme Moffitt (1984), na primeira metade dos anos 1960, a média anual do déficit do balanço de pagamentos nos Estados Unidos era de US$ 742 milhões. De 1965 a 1969, os déficits anuais alcançaram US$ 3 bilhões. A deterioração da posição externa com a elevação da inflação e a perda de competitividade internacional tornaram a administração das reservas em ouro um grande desafio.

Países como Alemanha Ocidental e Japão passaram a concorrer com os EUA nas indústrias automobilística, de aço e de máquinas e equipamentos. Os norte-americanos aumentaram suas importações, como indicado na Figura 1.3, e o declínio da hegemonia industrial foi um problema. Paralelamente, a Guerra do Vietnã contribuiu para um déficit fiscal crônico, financiado por emissão monetária, e foi um fator de pressão para a inflação dos EUA. Moffitt (1984) indica os seguintes números: no início dos anos 1960, a inflação média era de 1,5% ao ano e aumentou de 1,9% em 1965 para 4,7% em 1968.[10]

A quantidade de dólares fora dos Estados Unidos somava quase US$ 50 bilhões já no final da década de 1960. Esse valor superava significativamente as reservas de ouro do país, que eram de cerca de US$ 10 bilhões. Ou seja, os EUA não iriam conseguir manter a paridade do dólar ao ouro. Quando a França e a Grã-Bretanha planejavam converter dólares em ouro, a administração Nixon suspendeu o compromisso de entregar ouro a governos credores em dólares, a US$ 35 por onça. Adicionalmente, para melhorar sua balança comercial, o governo norte-americano impôs uma sobretaxa de 10% sobre a importação de mercadorias e o dólar sofreu uma desvalorização de 8% (Moffitt, 1984).

O fim do sistema monetário internacional de Bretton Woods ocorreu em 1973, com os países adotando regime de câmbio flutuante. Os principais bancos centrais passaram a ter como objetivo principal estabilizar a taxa de câmbio. Nesse caso, a política monetária foi usada para ancorar a taxa de câmbio.

---

10 A esse respeito, consultar Lichtensztejn e Baer (1987).

Síntese

Neste capítulo, abordamos a criação do sistema financeiro internacional em Bretton Woods e a origem de instituições fundamentais para estabilizar e fomentar a recuperação da economia mundial. Vimos que, durante o período da Grande Depressão dos anos 1930, as instituições e os governos não estavam maduros e desenvolvidos o suficiente para lidar com severos períodos de recessão econômica.

Como explicamos, após 1944, o dólar tornou-se a moeda de referência internacional, consolidando a hegemonia dos Estados Unidos. Destacamos também que o período que se seguiu à Segunda Guerra Mundial foi marcado pela expansão do comércio internacional e pela necessidade de gerações recorrentes e significativas do déficit comercial dos EUA. Como consequência, esses sucessivos déficits comerciais foram responsáveis pelo fim da paridade dólar-ouro em 1973, e as principais moedas mundiais passaram a flutuar essencialmente pelas condições de mercado.

Questões para revisão

1. Cite e explique pelo menos duas funções do sistema financeiro internacional.

2. Como a Grande Depressão afetou a produção e a taxa de desemprego na economia dos EUA?

3. Cite as principais divergências entre os planos Keynes e White.

4. Assinale a alternativa que indica corretamente qual foi o principal resultado da Conferência de Bretton Woods em relação ao sistema monetário internacional:
    a. Foi estabelecido um sistema de taxas de câmbio flutuantes.
    b. Foi estabelecido um sistema de taxas de câmbio fixas.

c. Foi criado um mercado de câmbio internacional.

d. Foi criado um sistema de reservas internacionais.

e. Foi criado uma moeda internacional, o bancor.

5. Assinale a alternativa que indica corretamente qual foi a moeda escolhida como referência para o sistema monetário internacional estabelecido em Bretton Woods:

    a. Libra esterlina britânica.

    b. Dólar americano.

    c. Franco suíço.

    d. Iene japonês.

    e. Lira turca.

6. Assinale a alternativa que indica corretamente qual foi a instituição criada em Bretton Woods para ajudar a manter a estabilidade monetária internacional:

    a. Banco Mundial.

    b. Fundo Monetário Internacional.

    c. Banco de Compensações Internacionais.

    d. Banco Central Europeu.

    e. Banco Central dos Estados Unidos.

7. Assinale a alternativa que indica corretamente qual foi o principal motivo para o colapso do sistema de Bretton Woods:

    a. A crescente inflação nos Estados Unidos.

    b. A redução da produtividade econômica dos países europeus.

    c. A expansão do comércio internacional.

    d. O aumento da oferta de ouro no mercado internacional.

    e. O avanço da produtividade econômica chinesa.

8. Assinale a alternativa que indica corretamente qual foi a consequência imediata do colapso do sistema de Bretton Woods:
   a. A adoção do sistema de taxas de câmbio flutuantes.
   b. O estabelecimento de um novo sistema de taxas de câmbio fixas.
   c. A criação do euro como moeda única na Europa.
   d. A adoção do padrão-ouro.
   e. A libra como nova moeda internacional.

9. Assinale a alternativa que indica corretamente qual foi o papel do dólar americano após o colapso de Bretton Woods:
   a. O dólar continuou a ser a moeda de reserva internacional dominante.
   b. O dólar foi abandonado como moeda de reserva internacional.
   c. O dólar foi substituído pelo euro como moeda de reserva internacional.
   d. O dólar foi substituído pelo iene japonês como moeda de reserva internacional.
   e. O dólar foi substituído pelo *yuan* chinês como moeda de reserva internacional.

Questão para reflexão

1. Com base nos estudos do capítulo, explique como Robert Triffin previu o fim do sistema de Bretton Woods, criando o famoso dilema de Triffin. Elabore um texto escrito com suas considerações sobre as afirmações de Triffin e compartilhe com seu grupo de estudo.

capítulo dois

Fundo Monetário Internacional (FMI)

Conteúdos do capítulo:

- Origem, funções e estrutura organizacional do Fundo Monetário Internacional (FMI).
- Instrumentos de crédito internacionais.
- Atuação do FMI na economia brasileira.

Após o estudo deste capítulo, você será capaz de:

1. compreender a estrutura do FMI;
2. compreender a atuação do FMI na economia brasileira;
3. reconhecer a importância do FMI na nova ordem do sistema financeiro brasileiro.

2.1 Origem do FMI

Como citamos no Capítulo 1, o Fundo Monetário Internacional (FMI) foi criado em 1944, na Conferência de Bretton Woods, com base no Plano White, com 44 países representados, inicialmente, em New Hampshire, nos Estados Unidos.

Krugman e Obstfeld (2005) destacam duas características principais na criação do FMI, as quais ajudaram a promover a flexibilidade no ajuste externo, defendida por Keynes, conforme vimos no Capítulo 1 deste livro.

A primeira característica era a **facilidade de crédito do FMI**. Os países com déficits externos receberiam empréstimos do FMI, em moeda estrangeira, sob a condição de ajustar suas políticas monetária e fiscal ao nível de emprego compatível com os desequilíbrios externos. Os recursos do FMI vinham dos membros da instituição com depósitos em ouro e moedas.

Um novo membro, ao ingressar no Fundo, obtinha uma cota que determinava sua contribuição no fundo de reservas e seu direito de obter recursos. O sistema exigia, por sua vez, que cada membro contribuísse com a quantidade de ouro equivalente a um quarto de sua cota. Os três quartos restantes eram dados na forma da própria moeda do país. Com isso, um membro poderia usar sua própria moeda para comprar, temporariamente, ouro ou moeda estrangeira do Fundo, iguais em valores à sua subscrição em ouro. Em outras palavras, era um empréstimo rápido e fácil de se tomar (Krugman; Obstfeld, 2005).

A segunda característica eram as **paridades ajustáveis**. O regime era de câmbio fixo, com a paridade dólar-ouro, contudo ela poderia ser mudada – valorizada ou desvalorizada em relação ao dólar. Isso era possível somente se o FMI entendesse que o balanço de pagamentos do país estivesse em desequilíbrio fundamental (Krugman; Obstfeld, 2005).

> **Importante!**
>
> Essas duas características do funcionamento do FMI visavam incorporar as críticas do economista John M. Keynes em relação à proposta inicial apresentada por White, a qual era bem mais rígida.

Assaf Neto (2012) esclarece que, na conferência realizada no Rio de Janeiro, em 1967[1], o FMI criou o direito especial de saque (DES), moeda escritural emitida pelo Fundo para substituir o ouro nas operações de empréstimos aos países com problemas no balanço de pagamentos. Atualmente, cada país tem o direito de sacar uma quantidade de DES, conforme suas cotas.

Os objetivos do FMI, segundo Assaf Neto (2012), são:

- promover a estabilidade do sistema financeiro internacional (SFI) pela promoção da cooperação monetária internacional;
- auxiliar os países com déficits em seus balanços de pagamentos, buscando estabilizar as taxas de câmbio e, com isso, prover um equilíbrio nas relações comerciais entre os países;
- assessorar e acompanhar as políticas monetárias e fiscais de diversas nações;
- padronizar as informações econômicas e financeiras internacionais.

Atualmente, de acordo com Assaf Neto (2012), as funções básicas do FMI são as descritas a seguir:

- **Assessoria econômica**: divulgação de relatórios econômicos e financeiros. Os mais importantes são: World Economic Outlook, Global Financial Stability Report, Fiscal Monitor e External Sector Report.

---

[1] No governo Costa e Silva (1967-1969), as relações do Brasil com o FMI se intensificaram. Nesse contexto, em 1967, o Rio de Janeiro sediou uma importante conferência do FMI, cujo objetivo era discutir uma nova reserva monetária, os direito especial de saque (DES).

- **Apoio financeiro**: empréstimos para países com severos déficits externos e problemas na manutenção da estabilidade de suas taxas de câmbio.
- **Apoio técnico**: por ser responsável pela padronização de informações econômicas e financeiras, a equipe do FMI capacita tecnicamente diversos governos em suas áreas especializadas.

2.2 *Estrutura organizacional do FMI*

O FMI, atualmente composto de 188 países-membros, organiza-se por meio de quatro principais órgãos, que desenham uma estrutura organizacional burocrática. São eles:

1. **Assembleia Geral**: é o principal órgão do FMI e é representada por todos os países-membros, que se reúnem uma vez ao ano, em conjunto com o Banco Mundial, para deliberar sobre as diretrizes do Fundo.
2. **Conselho de Governadores**: composto pelos representantes dos países-membros, sua função é tomar as principais decisões do FMI. Cada país-membro nomeia um governador e um governador suplente, geralmente seu ministro das finanças ou o presidente de seu banco central. No Quadro 2.1, estão listados os países selecionados, seus governadores, quotas e votos.
3. **Conselho Executivo**: responsável por supervisionar o trabalho diário do FMI, é composto por 24 diretores-executivos, que representam diferentes grupos de países-membros. Esse conselho decide se um país pode receber um empréstimo e, em caso positivo, quais serão a quantia e as condições do empréstimo. As reuniões são periódicas, com objetivo de tomar as decisões essenciais para os programas de assistência financeira e outras questões do Fundo.

Cada diretor-executivo tem um voto no Conselho Executivo. A decisão final sobre a concessão de empréstimos é tomada por voto majoritário entre os diretores-executivos.

4. **Diretoria**: é formada por funcionários do próprio FMI, que são liderados, atualmente, pela Diretora-Geral Kristalina Georgieva, cargo que ocupa desde 1º de outubro de 2019. A Diretoria é responsável por supervisionar os trabalhos técnicos do FMI e apresentar recomendações ao Conselho Executivo. As análises da diretoria são fundamentais para uma visão da estabilidade macroeconômica do país e a proposição de recomendações de políticas econômicas para os países financiados pelo Fundo. A Diretoria também elabora o orçamento anual do FMI e é responsável por decisões sobre alocação de recursos para diferentes programas e ações. Essa equipe representa o FMI em conferências e reuniões internacionais, debatendo os desafios da economia mundial e as ações do Fundo, por meio de seus empréstimos e programas.

Quadro 2.1 – Quotas, votos e governadores de países selecionados: março de 2023

Membros	Quota		Governador e substituto	Votos	
	Milhões de DES (US$)	% Total		Número	% Total
Brasil	11.042	2,32	Fernando Haddad Roberto de Oliveira Campos Neto	111.879	2,22
Argentina	3.187,3	0,67	Sergio Tomás Massa Miguel Angel Pesce	33.332	0,66
Japão	30.820,5	6,47	Shunichi Suzuki Haruhiko Kuroda	309.664	6,14
China	30.482,9	6,40	Gang Yi Yulu Chen	306.288	6,08

(continua)

(Quadro 2.1 – conclusão)

Membros	Quota		Governador e substituto	Votos	
	Milhões de DES (US$)	% Total		Número	% Total
Alemanha	26.634,4	5,59	Joachim Nagel Christian Lindner	267.803	5,31
França	20.155,1	4,23	Bruno Le Maire François Villeroy de Galhau	203.010	4,03
Reino Unido	20.155,1	4,23	Jeremy Hunt MP Andrew Bailey	203.010	4,03
Estados Unidos	82.994,2	17,43	Andy Baukol Vago	831.401	16,50
Rússia	12.903,7	2,71	Anton Siluanov Elvira S. Nabiullina	130.496	2,59
Total	476.272	100,0		5.039.930	100,0

Fonte: IMF, 2023b, tradução nossa.

 Os recursos devem ser aprovados pelos países-membros, conforme indicado no Quadro 2.1. Percebemos, por exemplo, que os Estados Unidos têm a maior participação relativa no Fundo; com isso, sua influência para as decisões e liberações de crédito é maior.

 Para tornar-se membro do FMI, o país interessado deve formalizar um pedido de adesão à organização, dirigido ao diretor-executivo. Essa solicitação deve ser aprovada por uma maioria dos membros existentes do Fundo. Sendo aprovado, o novo membro precisa contribuir financeiramente para a organização com a integralização de cotas. Seu volume determinará seu grau de participação, assim como sua influência na instituição.

 Os países que se tornam membro do FMI concordam em seguir as regras, os regulamentos e as políticas estabelecidas pelo Fundo. Isso inclui os compromissos de manter políticas econômicas responsáveis, fornecer informações financeiras e econômicas precisas e cooperar com as atividades do FMI.

Após a aprovação pelos membros existentes e o cumprimento das etapas anteriores, o país interessado em se tornar membro deve ratificar a adesão internamente, o que, geralmente, envolve processos legislativos ou regulatórios para garantir que o país esteja oficialmente comprometido com as obrigações do FMI. Isso significa que o país pode acessar os benefícios e recursos oferecidos pela organização, como assistência financeira em situações de crise econômica.

> **Para saber mais**
>
> Para conhecer o quadro de diretores do FMI e a forma como são eleitos, acesse o *site*:
>
> IMF – International Monetary Fund. **Executive Directors & Management Team**. Disponível em: <https://www.imf.org/external/pubs/ft/ar/2021/eng/who-we-are/executive-directors-management-team/>. Acesso em: 17 nov. 2023.

2.3 *Instrumentos de crédito internacionais*

Os instrumentos de crédito têm como objetivo principal atender à demanda de recursos dos países deficitários, os quais precisam reequilibrar suas contas externas em diversas situações, como recursos de curto ou de longo prazo, condições de pagamento com prazos maiores e específicos para países de baixa renda ou importadores de petróleo.

Como lembram Krugman e Obstfeld (2005), o termo *desequilíbrio fundamental* não tinha sido definido na criação do FMI, mas a cláusula significava uma cobertura aos países que sofriam mudanças internacionais severas e permanentes na demanda de seus produtos. Esses países eram autorizados a desvalorizar sua moeda para evitar períodos prolongados de deflação e de desemprego da força de trabalho.

Em outras palavras, com a depreciação da moeda local, a balança comercial seria beneficiada, restabelecendo o nível de renda e de emprego da economia. Contudo, é importante destacar que essa flexibilidade não estaria disponível, no sistema de Bretton Woods, ao dólar norte-americano (Krugman; Obstfeld, 2005).

Segundo Gonçalves et al. (1998), o Fundo desenvolveu as seguintes linhas de instrumentos de empréstimos, ou *facilities*, internacionais, conforme várias circunstâncias específicas:

1. ***Stand-by Arrangement* (SBA)**: também conhecidos apenas como *stand-by*, são empréstimos de curta duração, entre 12 e 24 meses, com o objetivo de corrigir desequilíbrios no balanço de pagamentos. A estrutura do SBA permite ao Fundo responder com agilidade às necessidades de financiamento externo dos países-membros e apoiar políticas concebidas para ajudá-los a superar a crise e a retomar uma trajetória de crescimento sustentável.

2. ***Extended Fund Facilities* (EFF)**: são empréstimos de longa duração, de três anos, com o objetivo de corrigir desequilíbrios externos. Fornecem assistência financeira a países que enfrentam sérios problemas de balanço de pagamentos de médio prazo em razão de deficiências estruturais que exigem tempo para serem resolvidas. Para ajudar os países a implementar reformas estruturais de médio prazo, o EFF oferece um envolvimento mais longo do programa e um período de reembolso também mais longo.

3. ***Supplemental Reserve Facility* (SRF)**: foi criado para fornecer assistência financeira a um país-membro que enfrenta dificuldades excepcionais no balanço de pagamentos em virtude de uma grande necessidade de financiamento de curto prazo, resultante de uma perda repentina e perturbadora da confiança do mercado, refletida na pressão sobre a conta de capital.

4. ***Structural Adjustment Facilities* (SAF)**: o Fundo oferece empréstimos de longo prazo com condições especiais de pagamento, como juros baixos, a países de baixa renda que apresentam desequilíbrios recorrentes em seu balanço de pagamentos. Esses recursos visam otimizar a inserção do país devedor no comércio internacional e melhorar o fluxo de moeda estrangeira para essas economias.
5. ***Compensatory and Contigency Financial Facilities* (CCFF)**: essa linha foi criada para socorrer países primários exportadores que sofreram perda nas relações de trocas em virtude de queda acentuada no preço das *commodities*. O CCFF preserva as características básicas do financiamento compensatório para fornecer financiamento aos membros que enfrentam déficits temporários de exportação ou excessos nos custos de importação de cereais em razão de fatores fora de seu controle.
6. ***Enhance Structural Adjustment Facilities* (Esaf)**[2]: trata-se de um apoio na estruturação do crédito. O Esaf e seu precursor, o *Structural Adjustment Facility* (SAF), foram criados para ajudar os países de baixa renda a lidar com problemas econômicos persistentes e profundos, como parte de um esforço mais amplo envolvendo o apoio do Banco Mundial e de outras agências e doadores da comunidade internacional.
7. ***Buffer Stock Financial Facilities* (BSFF)**: essa linha consiste em financiar a amortização do empréstimo; é uma facilidade de empréstimo usada para financiar um programa de estoque regulador. Normalmente, o BSFF é garantido na mercadoria que está sendo comprada.
8. ***Oil Facilities***: essa linha permite ao FMI receber empréstimos de países exportadores de petróleo e emprestá-los a países deficitários. Dois desse tipo de empréstimo foram

---

2 Para mais detalhes, consultar IMF (1999).

estabelecidos em resposta às crises de petróleo dos anos 1970. O primeiro empréstimo ocorreu em 1974 e o segundo foi criado em abril de 1975. Ambos buscaram fornecer financiamento suplementar aos países-membros que enfrentavam problemas de balanço de pagamentos e foram afetados negativamente pelos preços mais elevados do petróleo. Os empréstimos ao abrigo das facilidades petrolíferas eram reembolsáveis em 16 prestações trimestrais, três a sete anos após o desembolso.

2.4 O Brasil e o FMI

Almeida (2014) explica que o Brasil é um dos membros fundadores das instituições de Bretton Woods, visto que participou ativamente dos debates iniciais a respeito da constituição de uma instituição focada na estabilização monetária e cambial. Cada vez que enfrentou desequilíbrios no balanço de pagamentos, o Brasil recorreu ao FMI, tanto por queda nos preços das mercadorias exportadas quanto em períodos de condições financeiras mundiais adversas e de desvalorização do câmbio.

No governo de Juscelino Kubitschek (1956-1961), o ministro da Fazenda, Lucas Lopes, negociou um acordo *stand-by* com o FMI, conforme o Plano de Estabilização da Moeda, em 1958, cuja finalidade básica era o controle da inflação. Os desequilíbrios do balanço de pagamentos eram fruto do processo de industrialização, que demandava uma expressiva participação de produtos industriais importados, processo de transferência de capital (máquinas e equipamentos) e tecnologia.

Os saldos comerciais tornaram-se negativos a partir de 1958, com a indústria crescendo 16,8% e a inflação medida pelo Índice Geral de Preços – Disponibilidade Interna (IGP-DI) em 24,4% ao ano. Vale destacar que, nesse ano, o PIB cresceu 10,8% com maior dependência de capital externo.

Em 1959, o governo de Juscelino Kubitschek rompeu um acordo do tipo *stand-by* com o Fundo, negociado no ano anterior pelo seu ministro Lucas Lopes. Kubitschek simplesmente não aceitava fazer ajustes fiscais e monetários anteriormente acordados com o FMI (Lacerda et al., 2013).

O período conhecido como *Milagre Econômico* (1968-1973) foi marcado pelo forte crescimento econômico brasileiro, com o PIB crescendo a taxas superiores a 10%. Mesmo com déficits em transações correntes, o Brasil não recorreu a recursos do FMI. Concentrou seu ajuste nos eurodólares, com recursos internacionais abundantes provenientes das crises do petróleo nos anos de 1973 e 1979.

O fato é que o país cresceu com elevada dívida externa, como vemos na Tabela 2.1. Cruz (1984) descreve que a dívida externa bruta brasileira cresceu de US$ 3,1 bilhões em 1960 para US$ 61,4 bilhões em 1981, ou seja, um cenário de descontrole, com uma expansão da dívida externa de 1.880%.

Tabela 2.1 – Evolução da dívida externa bruta e das reservas internacionais do Brasil: 1960-1981 (US$ bilhões)

Ano	Dívida externa bruta de longo prazo	Reservas internacionais
1960	3,1	0,3
1965	3,5	0,5
1970	5,3	1,2
1975	21,2	4,0
1980	53,9	6,9
1981	61,4	7,5

Fonte: Cruz, 1984, p. 18.

A dívida externa é determinada contabilmente pelo déficit em transações correntes não financiadas pelo ingresso de capitais de riscos ou pela redução das reservas internacionais do país. O crescimento econômico dos anos 1970 foi financiado por poupança externa, em especial empréstimos e financiamentos externos, os petrodólares nos euromercados, em grande medida com taxas de juros flutuantes.

Com a triplicação do preço internacional do petróleo nos anos de 1973 (primeira crise) e 1979 (segunda crise), a dívida externa subiu vertiginosamente em nossa economia. O déficit em transações correntes do balanço de pagamento da economia brasileira passou de US$ 10,7 bilhões em 1979 para US$ 16,3 bilhões em 1982 e com uma dívida externa de US$ 69,6 bilhões.

Como observamos na Tabela 2.1, a economia brasileira não apresentava reservas internacionais suficientes para ajustar seu déficit externo. Com efeito, um novo acordo com o FMI, no governo do General João Figueiredo (1979-1985), foi costurado pelo seu ministro do Planejamento, Delfim Netto.

Lacerda et al. (2013) destacam que, passadas as eleições de novembro de 1982, o país teve de recorrer formalmente ao FMI. Segundo esses autores, as negociações foram bastante complexas e resultaram na assinatura de sete cartas de intenções em dois anos. O principal ponto de divergência era o déficit público, que era indexado à inflação. Na quarta carta de intenções, criou-se o conceito de déficit operacional, obtido pela dedução das correções monetária e cambial incidentes sobre a dívida pública.

No início de 1983, foi negociado um acordo com um empréstimo EFF até o final do regime militar.

Almeida (2014) argumenta que o Brasil se beneficiou de créditos emergenciais do Fundo, entretanto não conseguiu cumprir a maior parte das exigências e requerimentos do FMI, visto que tinha muitas dificuldades em desindexar sua economia e colocar suas contas públicas sob controle.

O déficit público subiu de 5,7% do PIB em 1978 para 7,3% do PIB em 1982. Por isso, o ajuste recessivo em 1983 derrubou o PIB em 2,9%, desestimulando as importações para uma melhora na balança comercial.

Conforme Almeida (2014), o Ministro Delfim Netto negociou e renegociou várias cartas de intenções para sustentar um acordo *stand-by* de empréstimos de curto prazo. A recessão no início da década de 1980 foi, porém, inevitável para corrigir os desequilíbrios externos.

Cerqueira (2003) explica que o Brasil não foi o único país com dificuldade. Ao contrário, inúmeros países em desenvolvimento recorreram ao FMI, no início dos anos 1980, com os EUA subindo sua taxa de juros[3]. A dívida externa desses países, importadores de petróleo, que estava abaixo dos US$ 100 bilhões em 1973, passou para US$ 450 bilhões em 1981 e para US$ 500 bilhões em 1982.

Com efeito, em setembro de 1982, marcado como *setembro negro*, o mundo viveu uma crise no SFI, com drásticas reduções nos fluxos de capitais, principalmente para os países em desenvolvimento.

Com a redução pela metade do ingresso líquido de capitais e um déficit no balanço de pagamentos na ordem de US$ 8,8 bilhões, o Brasil, em 22 de novembro de 1982, recorreu ao FMI por uma linha de empréstimos. Além do FMI, o país recorreu por empréstimos-ponte ao Tesouro norte-americano, ao Bank for International Settlements (BIS), e a bancos estrangeiros para reestruturar sua dívida externa. Esses empréstimos-ponte de curto prazo foram importantes para a recomposição do caixa e para atender às obrigações mais urgentes.

Contudo, em 1987, após o fracasso do Plano Cruzado, o Brasil declarou a moratória da dívida externa, com a suspensão da remessa de juros sobre a dívida de médio e de longo prazo e das obrigações das dívidas de curto prazo.

---

3 Em 1980, a taxa básica de juros dos EUA estava em 20,18% e a libor do Reino Unido estava em 18,03%.

Almeida (2014) esclarece que a moratória era inevitável, pois a dívida total somava 121 bilhões de dólares e as reservas brutas tinham caído dramaticamente de US$ 9,25 bilhões no final de 1985 para menos de US$ 4 bilhões no momento da moratória.

Após um acordo com o FMI em 1988, o Brasil conseguiu sacar uma *tranche* de 365 milhões de direito especial de saque (DES) de um total de mais de 1 bilhão aprovados. Os recursos *stand-by* foram suficientes apenas para compromissos de curto prazo, pois o período que o país atravessava – aprovar uma nova Constituição Federal – não foi favorável para um empréstimo mais duradouro.

Em abril de 1994, quando Fernando Henrique Cardoso era ministro da Fazenda, foi encontrada uma solução parcial para a dívida externa e ocorreu a suspensão oficial da moratória. O Plano Real, visando desindexar a economia brasileira e criar um ajuste fiscal, foi bem recebido pelo mercado financeiro internacional. Em virtude do sucesso no combate ao processo inflacionário e do retorno do país ao SFI, o Brasil foi convidado a ingressar no BIS, o que foi efetivado em 1997.

O Plano Real contava com um regime de taxa de câmbio fixa, ajustável em minibandas, para equiparar os preços domésticos à inflação norte-americana. Utilizava-se uma taxa de câmbio real valorizada para expandir as importações de bens e serviços, reduzindo, portanto, a inflação doméstica. Com efeito, a economia passou a registrar sucessivos déficits em transações correntes em percentual do produto interno bruto (PIB), como podemos ver pelo Gráfico 2.1.

Os resultados negativos no balanço de pagamentos e a necessidade de se manter o câmbio fixo fizeram com que o Banco Central do Brasil consumisse suas reservas internacionais, vendendo dólares no mercado de divisas. Em 1996, o Brasil registrava US$ 60 bilhões em reservas internacionais. Esse valor caiu para US$ 36 bilhões em 1999, ano da maxidesvalorização do real em relação ao dólar norte-americano.

Gráfico 2.1 – Saldo em transações correntes em % do pib e reservas internacionais durante o governo FHC

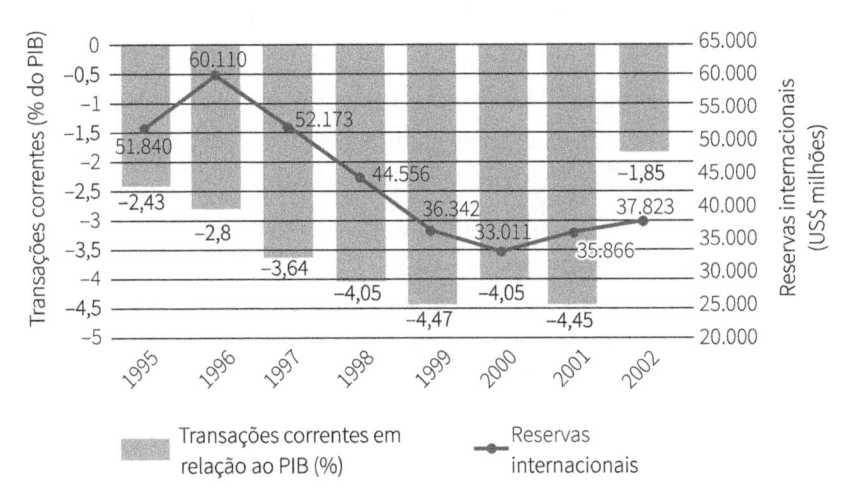

Ano	Transações correntes em relação ao PIB (%)	Reservas internacionais (US$ milhões)
1995	-2,43	51.840
1996	-2,8	60.110
1997	-3,64	52.173
1998	-4,05	44.556
1999	-4,47	36.342
2000	-4,05	33.011
2001	-4,45	35.866
2002	-1,85	37.823

Fonte: Elaborado com base em BCB, 2023.

As crises financeiras internacionais foram intensas no período de 1995 a 1999. O México, em 1994, sofreu uma forte desvalorização de sua moeda, e os efeitos dessa crise foram sentidos nas diferentes partes do mundo, sobretudo na Argentina e no Brasil. O *efeito tequila*, como ficaram conhecidas as consequências dessa crise, provocou o aumento de juros e a fuga de capitais dos países em desenvolvimento, observados em 1995.

Em 1997, a crise asiática obrigou o Banco Central do Brasil a vender reservas internacionais para manter o câmbio sobrevalorizado. Em 1998, com a crise russa, o Brasil perdia reservas internacionais e recorreu novamente a um empréstimo pelo FMI. Esse acordo, entretanto, não foi suficiente para conter uma desvalorização de cerca de 70% do real em relação ao dólar.[4]

O governo brasileiro e o FMI assinaram a carta de intenções, liberando dois empréstimos: um na modalidade *stand-by* e outro na modalidade SRF. Ambos representaram um financiamento de

---
[4] A esse respeito, consultar Nemiña (2019).

cerca de US$ 41 bilhões, com o FMI, o Banco Mundial, o BIS e o Banco Interamericano de Desenvolvimento (BID).

De acordo com Almeida (2014), o pacote consistia em um crédito *stand-by* de US$ 18 bilhões do Fundo, mais o uso de SRF por um prazo de 36 meses. Desse total, US$ 9 bilhões teriam sua origem nas instituições multilaterais de crédito – Banco Internacional para Reconstrução e Desenvolvimento (Bird) e BID.

Lacerda et al. (2013) destacam que as contrapartidas desse acordo representam um firme compromisso com a disciplina fiscal, obrigando o Brasil a obter significativos superávits primários, introduzir o regime de metas de inflação e adotar um regime cambial flutuante. É o tripé macroeconômico ortodoxo.

Nesse mesmo período, foi aprovada também a Lei Complementar n. 101, de 4 de maio de 2000, ou Lei de Responsabilidade Fiscal (Brasil, 2000), consolidando o compromisso do governo em perseguir orçamentos equilibrados, conforme memorando assinado com o FMI no sentido de obter superávits primários equivalentes a 1,8% do PIB em 1999, 2% em 2000 e 2,3% em 2001.

Com as contas governamentais equilibradas e a desvalorização cambial desde janeiro de 1999, as contas externas brasileiras começaram a melhorar, com reversões dos déficits comerciais para um superávit no valor de US$ 2,6 bilhões em 2001 e de US$ 13 bilhões em 2002. Com efeito, o déficit em transações correntes do balanço de pagamentos caiu 4,45% do PIB em 2001 para apenas 1,85% em 2002.

A menor dependência externa, no entanto, não inviabilizou a necessidade de dois novos acordos com o Fundo. O fato é que os atentados de 11 de setembro nos EUA e a crise da Argentina aumentaram significativamente a saída de capitais. Santoro (2017, p. 91) argumenta que a "crise de 1998-2002 foi das piores catástrofes econômicas da história da Argentina e teve impacto profundo sobre a política externa, encerrando o ciclo do realismo periférico e lançando as bases para novo debate diplomático, inspirado em maior aproximação entre os países da América do Sul".

O FMI socorreu novamente o Brasil com um pacote de US$ 15 bilhões, a serem utilizados até o mês de dezembro de 2001. A crise internacional se agravou, o Brasil enfrentou problemas para rolar a dívida, e um recurso de *stand-by* de mais US$ 30 bilhões foi liberado para o país.

> **Para saber mais**
>
> Caso deseje aprofundar-se no estudo sobre a crise da Argentina em 2001, sugerimos a seguinte publicação:
>
> SANTORO, M. A crise de 2001 e a política externa argentina. **Revista Estudos Políticos**, v. 8, n. 15, p. 81-93, 2017. Disponível em: <https://periodicos.uff.br/revista_estudos_politicos/article/view/39830/22915>. Acesso em: 17 nov. 2023.

Em 2005, o governo brasileiro decidiu antecipar a dívida de US$ 15,5 bilhões com o FMI, que deveria ser quitada em várias parcelas até o final de 2007. Com a economia estimada de cerca de US$ 900 milhões que seriam gastos com juros até a quitação do empréstimo e o crescimento dos superávits na balança comercial brasileira, as reservas internacionais passaram de US$ 53,7 bilhões em 2005 para cerca de US$ 193,7 bilhões em 2008, ano da crise financeira internacional.

2.5 *Exemplos da relação de alguns países com o FMI*

Nesta seção, apresentaremos exemplos de acordos do FMI com Argentina, Turquia e Grécia. Veremos como os principais indicadores macroeconômicos se comportaram, entre eles PIB, inflação e superávit primário em porcentagem do PIB.

Quando um país recebe recursos do Fundo para enfrentar uma crise financeira, é importante analisar os impactos no lado real da economia. Ademais, entender como a crise afetou a produção possibilita compreender o impacto no bem-estar da população. O ideal é que, por meio da cooperação internacional, a crise econômica seja de curta duração, afetando menos a renda e o emprego da população.

Em 2001, a **Argentina** enfrentou uma das piores crises econômicas de sua história, com queda significativa no PIB (Gráfico 2.2) e aumento do desemprego e da inflação (Gráfico 2.3). A crise financeira foi tão severa que os bancos locais sofreram com corridas bancárias e falências. Em meio a essa crise, o governo argentino buscou a ajuda do FMI para tentar estabilizar a economia do país e evitar uma escalada de sua inflação.

Em dezembro de 2001, o FMI concedeu um empréstimo de US$ 40 bilhões à Argentina para ajudar o país a enfrentar a crise. Todavia, o programa de ajuda do FMI foi altamente controverso na Argentina e gerou críticas por parte de alguns setores da sociedade.

O programa de ajuda do FMI para a Argentina exigia uma série de medidas de austeridade, como a redução de gastos públicos, a desvalorização da moeda e o aumento dos impostos, o que gerou protestos e manifestações no país. Além disso, o programa também incluía a privatização de empresas estatais e reformas estruturais em áreas como o mercado de trabalho e o sistema de aposentadorias.

Apesar dos esforços do governo argentino e do FMI, a crise econômica continuou a se agravar e, em 2002, a Argentina declarou a moratória de sua dívida externa e suspendeu o pagamento de suas obrigações com os credores internacionais.

O PIB da Argentina caiu 10,9% em 2002 e o país não conseguiu controlar o processo inflacionário, como demonstrado no Gráfico 2.3. A inflação passou, por exemplo, de 25,6 no ano de 2001 para 36,0% em 2002 e permaneceu nesse patamar.

Gráfico 2.2 – Desempenho do PIB, Argentina: 2000 a 2004

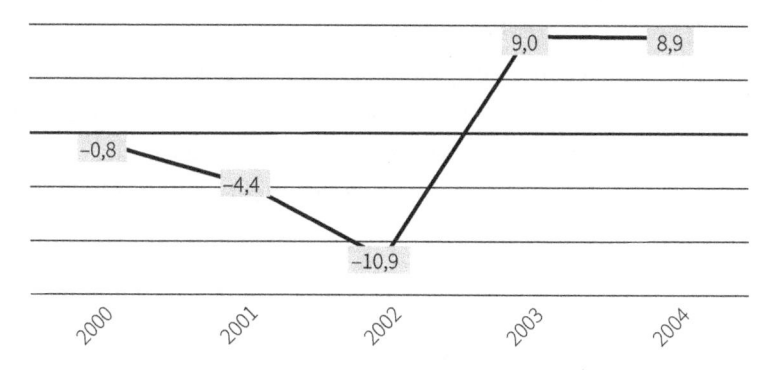

Ano	2000	2001	2002	2003	2004
PIB (%)	-0,8	-4,4	-10,9	9,0	8,9

Fonte: Elaborado com base em IMF, 2023c.

Gráfico 2.3 – Processo inflacionário argentino: 2000 a 2004

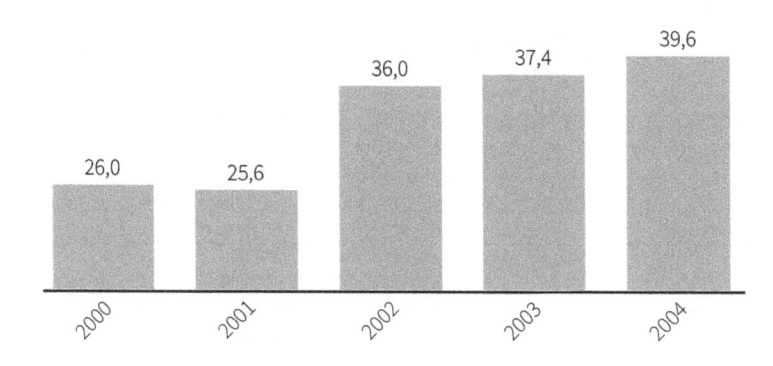

Ano	2000	2001	2002	2003	2004
Inflação (%)	26,0	25,6	36,0	37,4	39,6

Fonte: Elaborado com base em IMF, 2023c.

Também em 2001, a **Turquia** atravessou uma severa crise bancária e cambial. O regime cambial passou da taxa de câmbio fixa para a flutuante em fevereiro de 2001, gerando uma forte depreciação da moeda local. Com relação ao dólar norte-americano, o câmbio se depreciou em cerca de 33%. Com o objetivo de manter a estabilidade macroeconômica, o país solicitou ajuda ao FMI por meio de linhas de crédito *stand-by*.

O FMI concedeu à Turquia um empréstimo de US$ 19 bilhões para ajudar o país a enfrentar a crise. O programa visava recuperar a economia turca, reformando seu setor público e fortalecendo o debilitado sistema bancário. Com essas reformas, o FMI esperava uma entrada de capitais com maiores volumes de investimentos privados.

Em 2001, o PIB da Turquia caiu 5,8%, porém a recuperação foi rápida em virtude da ajuda e do pacote do FMI e a economia voltou a crescer nos anos seguintes, como vemos pelo Gráfico 2.4. O acordo do FMI e as medidas adotadas pelo governo turco ajudaram a evitar o retorno do processo inflacionário. Desde 2001, com o auxílio do FMI, a economia turca passou a registrar um forte processo de desinflação, como indica o Gráfico 2.5.

Gráfico 2.4 – Desempenho do PIB, Turquia: 2000 a 2004

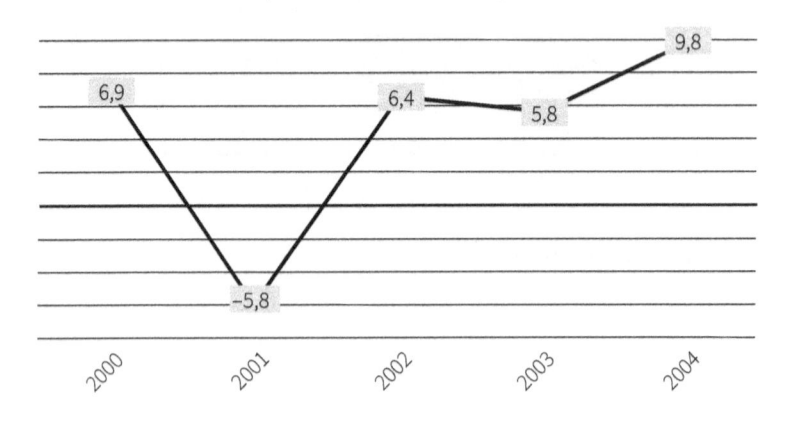

Ano	PIB (%)
2000	6,9
2001	-5,8
2002	6,4
2003	5,8
2004	9,8

Fonte: Elaborado com base em IMF, 2023c.

Gráfico 2.5 – Processo inflacionário, Turquia: 2000 a 2004

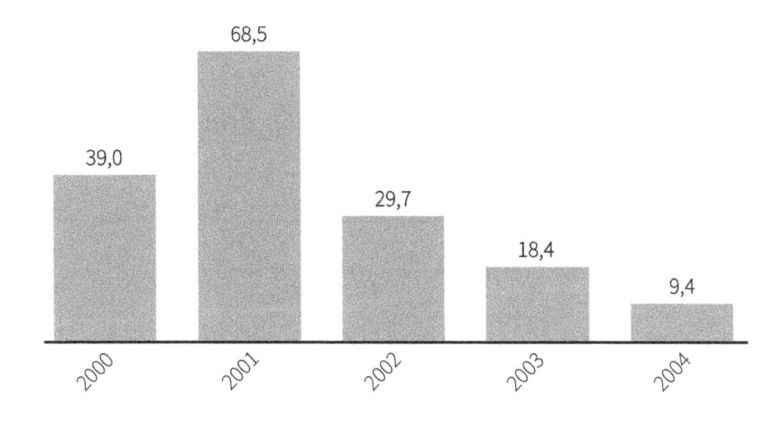

Ano	Valor
2000	39,0
2001	68,5
2002	29,7
2003	18,4
2004	9,4

Fonte: Elaborado com base em IMF, 2023c.

Outro país que citaremos como exemplo de relação com o FMI é a **Grécia**. A crise financeira internacional de 2008 afetou severamente a economia grega. Os elevados déficits públicos fizeram com que a economia entrasse em profunda recessão e sofresse com desequilíbrios externos. Em 2010, a Grécia solicitou ajuda financeira internacional e o FMI se juntou à União Europeia (UE) para conceder à Grécia um pacote de ajuda financeira de € 110 bilhões.

Como contrapartida, o programa previa um ajuste profundo das contas públicas com redução de despesas e benefícios sociais, aliado a um aumento da carga tributária. Era um programa altamente impopular que gerou manifestações e protestos por todo o país.

Em 2012, a Grécia recebeu um segundo pacote de ajuda financeira, no valor de € 130 bilhões, da UE e do FMI. Contudo, em 2015, o país enfrentou outra crise financeira, e o governo grego precisou de um novo pacote de auxílio financeiro. Em julho de 2015, a Grécia e seus credores internacionais chegaram a um acordo para o terceiro pacote de ajuda financeira, agora de € 86 bilhões. O acordo incluiu mais medidas de austeridade, como reformas nos sistemas previdenciário e tributário, além de medidas para estimular o crescimento econômico.

A recessão econômica vivenciada pela Grécia foi prolongada e o país registrou queda no PIB nos anos de 2009 a 2013, conforme ilustrado pelo Gráfico 2.6.

Gráfico 2.6 – Desempenho do PIB, Grécia: 2009 a 2015

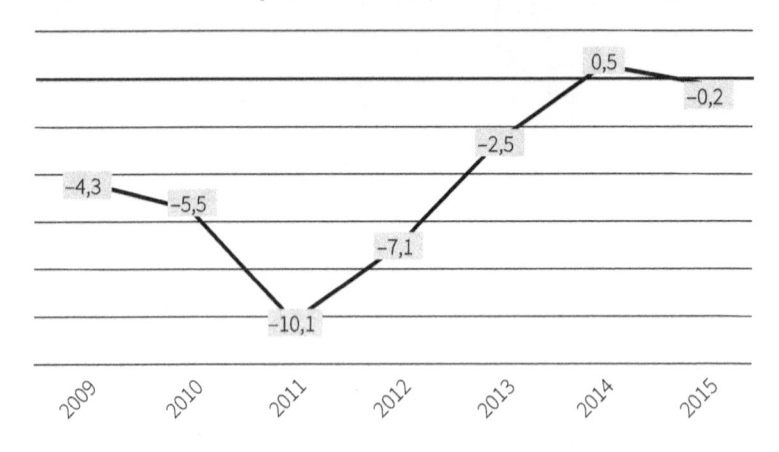

Ano	2009	2010	2011	2012	2013	2014	2015
PIB (%)	-4,3	-5,5	-10,1	-7,1	-2,5	0,5	-0,2

Fonte: Elaborado com base em IMF, 2023c.

Com a austeridade fiscal, o resultado primário do governo em porcentagem do PIB melhorou na economia grega. O país passou a registrar uma queda no déficit primário e melhoras nas contas públicas, como indica o Gráfico 2.7.

Gráfico 2.7 – Resultado primário/PIB, Grécia: 2009 a 2015

Ano	2009	2010	2011	2012	2013	2014	2015
Resultado primário/PIB (%)	-10,3	-5,3	-2,8	-1,4	0,2	-0,2	0,6

Fonte: Elaborado com base em IMF, 2023c.

A taxa de desemprego ficou acima de 20% da força de trabalho nos anos de 2012 a 2015, conforme destacado no Gráfico 2.8.

Gráfico 2.8 – Taxa de desemprego, Grécia: 2009 a 2015

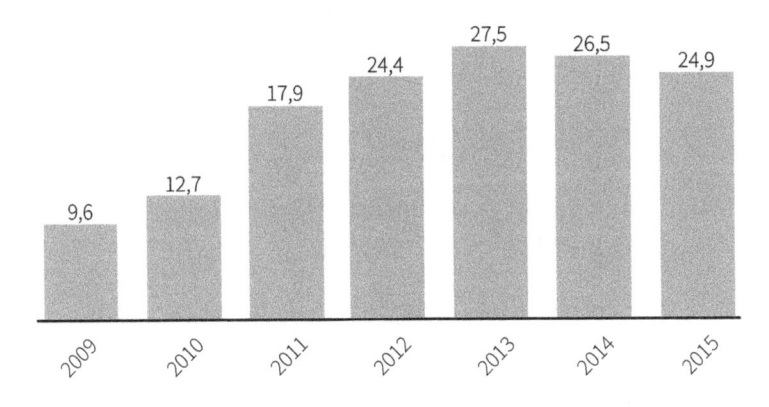

2009	2010	2011	2012	2013	2014	2015
9,6	12,7	17,9	24,4	27,5	26,5	24,9

Fonte: Elaborado com base em IMF, 2023c.

Síntese

Neste capítulo, explicamos que o FMI foi criado em 1944, na Conferência de Bretton Woods, com base no Plano White, com o objetivo de retomar a estabilidade do sistema financeiro internacional e garantir o regime de câmbio fixo, baseado no padrão dólar-ouro.

Examinamos a estrutura organizacional do FMI, assim como suas funções. Vimos que ele oferece vários tipos de financiamentos e empréstimos para países com déficits recorrentes em suas contas externas. Em especial, o Brasil precisou recorrer ao FMI em 1982, com foco em renegociar sua elevada e crescente dívida externa.

Durante o processo de estabilização monetária na economia brasileira, o FMI foi importante no período de mudança de regime cambial. O Brasil novamente precisou recorrer ao Fundo, buscando um empréstimo na ordem de US$ 41 bilhões para evitar que a maxidesvalorização gerasse um descontrole inflacionário.

O acordo foi um sucesso e o Brasil conseguiu controlar seu processo inflacionário, mesmo tendo de administrar um período de saídas expressivas de capitais estrangeiros e depreciação do real.

Questões para revisão

1. Cite e comente duas funções do Fundo Monetário Internacional (FMI).

2. Cite e comente três modalidades de financiamentos concedidos pelo FMI aos países com problemas em seu balanço de pagamentos.

3. Assinale a alternativa que indica corretamente qual é o objetivo principal do FMI:
    a. Promover o comércio internacional.
    b. Estabilizar as taxas de câmbio.
    c. Facilitar o desenvolvimento econômico dos países-membros dessa instituição.
    d. Promover a democracia em todo o mundo.
    e. Auxiliar os países não membros da organização.

4. Assinale a alternativa que indica corretamente qual é a principal fonte de receita do FMI:
    a. Taxas de associação.
    b. Doações de países-membros.
    c. Juros sobre empréstimos concedidos.
    d. Lucros de operações de câmbio.
    e. *Royalties* derivados da exploração do petróleo.

5. Assinale a alternativa que indica corretamente qual é o papel do FMI em situações de crise financeira em um país-membro:
   a. Investir em empresas locais para estimular a economia.
   b. Imprimir mais dinheiro para aumentar a liquidez do país.
   c. Vender títulos do governo do país para investidores estrangeiros.
   d. Conceder empréstimos para ajudar o país a se recuperar.
   e. Estimular o crescimento dos gastos públicos.

6. Assinale a alternativa que indica corretamente qual foi o principal objetivo do acordo firmado entre o Brasil e o FMI em 1982:
   a. Estabilizar a taxa de câmbio.
   b. Controlar a inflação.
   c. Reduzir a dívida externa.
   d. Promover o desenvolvimento econômico.
   e. Expandir os gastos públicos.

7. Assinale a alternativa que indica corretamente como o FMI influenciou a política econômica do Brasil na década de 1980:
   a. Exigindo políticas de austeridade fiscal e monetária.
   b. Financiando projetos de infraestrutura no país.
   c. Recomendando a abertura comercial do Brasil.
   d. Aumentando os juros da dívida externa do Brasil.
   e. Exigindo maiores gastos públicos.

8. Assinale a alternativa que indica corretamente qual foi o resultado da implementação do Plano Real para a economia brasileira:
   a. Aumento da inflação e da instabilidade econômica.
   b. Diminuição da dívida externa e aumento da inflação.

c. Estabilização da economia e aumento da confiança dos investidores.

d. Queda da produção e aumento do desemprego.

e. Aumento da inflação e redução do déficit comercial.

9. Assinale a alternativa que indica corretamente qual foi a principal causa da crise econômica que levou a Argentina a declarar moratória em sua dívida externa em 2002:

    a. Falência de empresas estatais.

    b. Política monetária expansionista.

    c. Política fiscal insustentável.

    d. Crise cambial e fuga de capital.

    e. Política fiscal restritiva.

10. Assinale a alternativa que indica corretamente qual foi a posição do FMI em relação à crise econômica argentina em 2001-2002:

    a. O FMI recusou-se a conceder novos empréstimos à Argentina, agravando a crise.

    b. O FMI concedeu empréstimos à Argentina, mas com duras condições de ajuste fiscal e monetário.

    c. O FMI apoiou o governo argentino com políticas expansionistas para estimular a economia.

    d. O FMI exigiu a valorização do peso argentino como condição para conceder empréstimos.

    e. O FMI exigiu expansão fiscal do governo argentino.

11. Assinale a alternativa que indica corretamente qual foi a principal condição imposta pelo FMI à Grécia em troca de seus empréstimos:

    a. Privatização de empresas estatais.

    b. Aumento dos impostos sobre a renda e o consumo.

c. Desvalorização da moeda nacional.

d. Redução dos gastos públicos e reformas estruturais.

e. Ampliação dos gastos públicos.

12. Assinale a alternativa que indica corretamente qual foi o impacto do programa de resgate financeiro liderado pelo FMI e pela União Europeia na economia grega:

   a. O programa levou a uma rápida recuperação econômica da Grécia.

   b. O programa estabilizou a economia grega, mas não conseguiu promover o crescimento sustentável.

   c. O programa agravou a recessão na Grécia e aumentou o desemprego.

   d. O programa teve pouco impacto na economia grega, já que a maior parte dos recursos foi destinada ao pagamento da dívida.

   e. O programa recuperou rapidamente o mercado de trabalho, reduzindo a taxa de desemprego.

Questão para reflexão

1. Em 1998 e 1999, o Brasil enfrentou uma crise financeira que afetou a estabilidade econômica e a confiança dos investidores no país, gerando uma maxidesvalorização do real em relação ao dólar, conforme vemos no Gráfico A.

Gráfico A – Maxidesvalorização do real em 1999

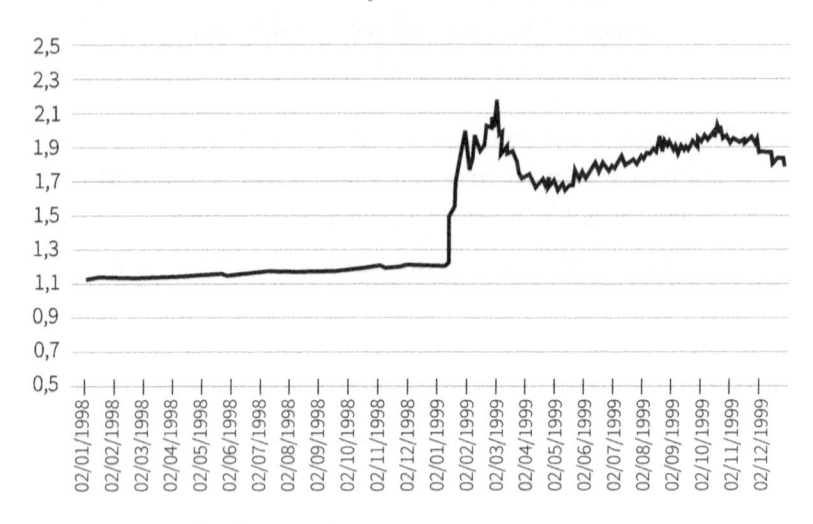

Fonte: Elaborado com base em BCB, 2023.

O governo brasileiro buscou a ajuda do FMI para implementar medidas de ajuste fiscal e estabilizar a economia. O acordo previa um pacote de medidas econômicas, como a redução de gastos públicos, a privatização de empresas estatais, a reforma da Previdência e a redução da inflação. O objetivo era equilibrar as contas públicas e garantir a estabilidade macroeconômica. O FMI liberou um empréstimo de US$ 41,5 bilhões ao Brasil. O programa foi implementado em três anos, de 1998 a 2001. Apesar de criticado por alguns setores da sociedade brasileira, o acordo foi considerado fundamental para a recuperação da economia do país e para a retomada do crescimento econômico nos anos seguintes. No Gráfico A, vemos a mudança do regime cambial em 1999. A taxa de câmbio, então fixa em R$ 1,20/US$ 1,00 em 1998, passou para R$ 2,10/US$ 1,00 no ano seguinte, ou seja, uma desvalorização do real de 75%. A preocupação central era saber como essa maxidesvalorização afetaria a inflação na economia brasileira.

Gráfico B – Inflação ao consumidor (IPCA), Brasil: 1998 a 2002

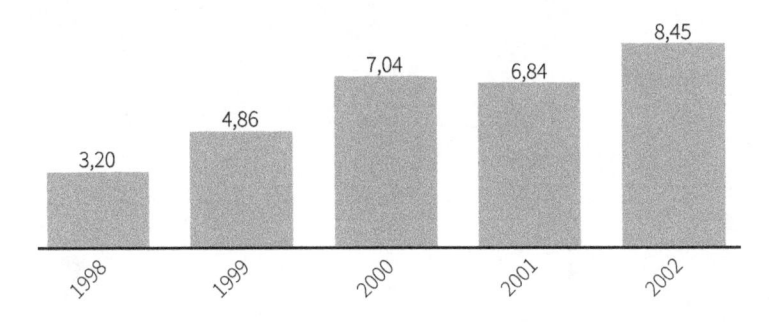

Ano	1998	1999	2000	2001	2002
IPCA	3,20	4,86	7,04	6,84	8,45

Fonte: Elaborado com base em IBGE, 2023.

Com base nos Gráficos A e B, podemos concluir que a inflação brasileira anual passou dos dois dígitos nos anos seguintes à implementação do regime de câmbio flutuante? É possível afirmar que a inflação ficou relativamente controlada? A maxidesvalorização cambial de 75%, em 1999, na economia brasileira gerou um processo de inflação acima de 10% ao ano, para 2000, 2001 e 2002?

+489,656

capítulo três

Banco Internacional para Reconstrução e Desenvolvimento (Bird)

Conteúdos do capítulo:

- Origem e história do Banco Internacional para Reconstrução e Desenvolvimento (Bird).
- Objetivos, organização e estrutura do Bird.
- Importância do Bird no combate à pobreza.
- Exemplos de projetos financiados pelo Bird.

Após o estudo deste capítulo, você será capaz de:

1. descrever a origem, a história e a organização do Bird;
2. reconhecer a importância do Bird no auxílio ao desenvolvimento e no combate à pobreza;
3. explicar a atuação do Bird com base nos projetos recentes de sua atuação.

3.1 Origem e história do Bird

O Banco Internacional para Reconstrução e Desenvolvimento (Bird) foi criado em 1944, na Conferência Monetária e Financeira das Nações Unidas, em Bretton Woods, com o objetivo de promover garantias e empréstimos para a reconstrução dos países-membros abalados pela Segunda Guerra Mundial. A instituição é mais conhecida como Banco Mundial.

Pereira (2012) esclarece que, de acordo com seu estatuto, não cabia ao Bird concorrer com os bancos comerciais privados, e, sim financiar projetos de grande volume para retomar a produção, o emprego e a renda das economias seriamente afetadas pelo conflito. Competia ao Bird também promover garantias para investimentos de reconstrução e desenvolvimento econômico.

A instituição não emprestaria diretamente a empresas privadas porque seu objetivo era ser um instrumento de governos soberanos, e não de interesses financeiros privados. Silva (2010) destaca que a instituição foi constituída por ações subscritas pelos países-membros em função de sua participação no comércio internacional.

Em 1947, os Estados Unidos, maior economia mundial, tinham um poder de voto no valor de 34,2%, enquanto a América Latina e o Caribe tinham apenas 7,7%. As negociações feitas na Conferência de Bretton Woods resultaram em um acordo tácito de que a presidência do Bird seria exercida por um norte-americano e um cidadão europeu ocuparia o cargo de diretor-gerente do Fundo Monetário Internacional (FMI), situação que ainda se mantém.

Embora o Bird e o FMI se configurem como organizações especializadas da Organização das Nações Unidas (ONU), eles atuam de forma independente. Esse descolamento, conforme Pereira (2012), era importante para que o banco ganhasse confiança dos investidores de Wall Street e pudesse se capitalizar.

As operações do Bird iniciaram em junho de 1946, voltando-se principalmente aos governos europeus. Em 1947, o banco emitiu seu primeiro empréstimo à França, no montante de US$ 250 milhões; depois, US$ 207 milhões para a Holanda, US$ 40 milhões para a Dinamarca e US$ 12 milhões para Luxemburgo. O banco financiou também projetos nas áreas de saneamento básico, acesso à água, geração de energia elétrica, represamento de rio e nas indústrias de aço da França, da Bélgica e de Luxemburgo.

Pereira (2012) esclarece, entretanto, que a instituição havia sido criada com recursos insuficientes para as metas que deveria cumprir. Ademais, a recuperação em relação aos efeitos econômicos das guerras foi lenta e a instabilidade monetária e financeira foi agravada no biênio 1946-1947. O comércio exterior entre Europa e Estados Unidos foi gravemente afetado, com reduções nas importações norte-americanas.

Paralelamente, o comunismo foi avançando na Europa e também em outras partes do mundo. A demora nos empréstimos do Bird ampliou a influência da antiga União Soviética sobre diversas economias. Pereira (2012) explica que o Plano Marshall não saía do papel e que a resistência da opinião pública e do Congresso dos EUA teve fim apenas depois da subida dos comunistas ao poder na Tchecoslováquia, em fevereiro de 1948. Em abril do mesmo ano, o Congresso dos EUA autorizou um desembolso bilionário para a Europa.

Para conter o avanço do comunismo, em quatro anos, os EUA concederam a 16 países cerca de US$ 13,5 bilhões, sendo que mais de 90% a título de ajuda, representando, na época, cerca de 10% do produto interno bruto (PIB) dos receptores e pouco mais de 4% do PIB norte-americano.

O Bird emprestou, para a mesma finalidade, tão somente US$ 800 milhões entre 1947 e 1954. O aporte de recursos dos EUA era vital para a viabilização do Bird porque representava mais de um terço da subscrição de seu capital e era o único componente plenamente utilizável, dado que o depósito era em dólar, a moeda usada nas transações internacionais no pós-guerra.

No biênio 1947-1948, foi concedido um empréstimo de US$ 16 milhões ao Chile (US$ 13,5 milhões para energia elétrica e US$ 2,5 milhões para compra de maquinário agrícola), com exigências duras que configuravam um perfil intervencionista do banco.

Até 1957, os financiamentos concedidos pelo Bird direcionados para os países-membros industrializados representavam 52,7%. O volume de operações para os países em desenvolvimento passou de 50% dos recursos desembolsados somente no final da década de 1950.

Grande parte dos recursos foram destinados ao financiamento de projetos em áreas coloniais, como destaca Pereira (2012). As metrópoles tinham interesse em investir nos países que eram suas colônias para ampliar a produção de matérias-primas ou simplesmente auxiliar as empresas metropolitanas. Setores de construção de barragens e infraestrutura de transporte, como portos e estradas, foram financiados.

Como descreve Pereira (2012, p. 418),

> Desse modo, o Bird contribuiu para que a Bélgica, a Inglaterra e a França prosseguissem com a sua dominação colonial, bem como aplainassem o terreno para a dependência econômica pós-colonial. Em casos assim, os recursos emprestados foram gastos, quase que integralmente, na importação de bens e serviços de empresas metropolitanas, com o agravante de que as dívidas contraídas pelas metrópoles foram depois transferidas aos novos Estados.

3.2 Estrutura organizacional do Grupo Banco Mundial

A estrutura organizacional do Grupo Banco Mundial é composta por vários órgãos e departamentos que trabalham juntos para alcançar os objetivos da instituição. O Grupo Banco Mundial, como já citamos, é uma organização internacional especializada em desenvolvimento, cujo principal objetivo é reduzir a pobreza e promover o desenvolvimento econômico nos países em desenvolvimento.

> **Importante!**
>
> A denominação *Grupo Banco Mundial* refere-se às seguintes instituições: Banco Internacional para Reconstrução e Desenvolvimento (Bird), Associação Internacional de Desenvolvimento (IDA), Corporação Financeira Internacional (IFC), Agência Multilateral de Garantia de Investimentos (Miga) e Centro Internacional para Arbitragem de Disputas sobre Investimentos (ICSID). Por sua vez, a denominação *Banco Mundial* refere-se somente ao Bird e à IDA, entretanto, como já destacamos, o Bird é também referido como *Banco Mundial*. Com exceção da sigla Bird, as outras se referem às denominações em inglês.

A seguir, apresentamos os principais componentes da estrutura organizacional do Grupo Banco Mundial:

- **Assembleia dos Acionistas (Governadores)**: principal órgão do Banco Mundial, composto por todos os 189 países-membros, que se reúnem uma vez no ano, em conjunto com o FMI, para deliberar sobre as diretrizes do banco.
- **Diretoria-Executiva**: área administrativa e operacional composta por 25 diretores-executivos, representando os países-membros ou grupos de países. Cada diretor-executivo é responsável por uma região específica do mundo. A eleição

dos diretores-executivos é um processo conduzido pelos acionistas. A maioria dos votos nomeará os diretores-executivos distribuídos em grupos de países.
- **Presidência**: o presidente do Grupo Banco Mundial é o líder da instituição, nomeado pela Diretoria-Executiva. Exerce papel importante na definição das políticas e na supervisão das operações do grupo, representando-o em fóruns internacionais e atuando como o principal porta-voz da organização.
- **Grupos de países**: os países-membros do Grupo Banco Mundial estão agrupados em diferentes categorias, com base em suas características econômicas e geográficas. Os principais grupos de países são: Associação Internacional de Desenvolvimento (AID), que inclui os países mais pobres do mundo, e o Banco Internacional para Reconstrução e Desenvolvimento (Bird), que engloba os países de renda média e os países mais ricos.
- **Departamentos**: são vários departamentos especializados em áreas específicas, como infraestrutura, saúde, educação e agricultura. Esses departamentos têm o objetivo de fornecer equipe técnica e conhecimentos específicos para os projetos financiados.

Para saber mais

Para conhecer o poder de voto dos países-membros, indicamos a seguinte publicação:

IBRD – International Bank for Reconstruction and Development. **Subscriptions and Voting Power of Member Countries**. Disponível em: <https://thedocs.worldbank.org/en/doc/a16374a6cee037e274c5e932bf9f88c6-0330032021/original/IBRDCountryVotingTable.pdf>. Acesso em: 17 nov. 2023.

As cinco instituições integradas que compõem o Grupo Banco Mundial concentram-se nos problemas de desenvolvimento dos países mais pobres, buscando promover ações e práticas voltadas para o combate à pobreza. Vejamos quais são essas instituições (World Bank, 2023):

1. **Banco Internacional para Reconstrução e Desenvolvimento (Bird)**: liberação de empréstimos para países em desenvolvimento com bom risco de crédito. Fornece, em geral, prazos maiores e juros menores se comparados aos praticados no mercado financeiro internacional.
2. **Associação Internacional de Desenvolvimento (IDA)**: instituição responsável por liberação de crédito e empréstimos para países pobres e com dificuldade de acesso ao mercado financeiro internacional.
3. **Corporação Financeira Internacional (IFC)**: voltada para o financiamento de empresas privadas, adquirindo participações no capital social e concedendo empréstimos de longo prazo. Seu objetivo principal é financiar países e regiões com dificuldade de acesso ao mercado de capitais.
4. **Agência Multilateral de Garantia de Investimentos (Miga)**: prestação de assistência técnica no processo de atrair investimento estrangeiro direto, fornecendo garantias e seguros contra riscos comerciais e políticos.
5. **Centro Internacional para Arbitragem de Disputas sobre Investimentos (ICSID)**: foco no suporte do investimento estrangeiro direto, mediante conciliações e arbitragem internacional. Busca, portanto, garantir um bom ambiente de negócios para a atração de investimentos estrangeiros.

3.3 Atuação do Bird

No período de 1949-1962, os empréstimos do Bird somavam mais de US$ 6 bilhões em mais de 300 operações, praticamente sem inadimplência e sem taxas de juros elevadas. O crédito aos países mais pobres, sem acesso ao mercado financeiro internacional, era nulo e, para as economias de renda média, era escasso. As opções de empréstimos eram restritas e os principais empréstimos do banco eram considerados competitivos, com boas taxas de retorno. Apenas os empréstimos para corrigir os déficits e as crises no balanço de pagamentos eram excluídos dessa opção.

Os projetos envolviam a construção de usinas hidrelétricas, portos, rodovias, ferrovias, telecomunicações, projetos de irrigação e a compra de máquinas e implementos agrícolas. Os projetos tinham de demonstrar viabilidade econômico-financeira com boa rentabilidade e produção que gerasse lucro.

Segundo Pereira (2012), nos primeiros 16 anos de operação, o Bird não financiou nenhum projeto que envolvesse as áreas sociais de saúde ou de educação.

Na Tabela 3.1, destacamos o volume emprestado pelo Bird entre os anos 1948-1961, em bilhões de dólares. Foram emprestados US$ 51 bilhões a 56 países em 280 operações com foco em produção de energia e transporte, que absorveram 47,06% do total. A Índia foi o país menos desenvolvido a receber recursos do Bird, cerca de 13,73%, e os países latino-americanos receberam apenas 21,57% dos recursos totais.

Tabela 3.1 – Empréstimos concedidos pelo Bird entre 1948 e 1961, em bilhões de dólares

Receptores	Países	Compromissos	
		Em US$ bilhões	Em %
Total de empréstimos		5,1	100%
Países mais desenvolvidos	Austrália, Áustria, Bélgica, Dinamarca, Finlândia, Islândia, Israel, Itália, Japão, Holanda, Nova Zelândia e África do Sul	1,7	33,33%
Colônias	Argélia, Congo Belga (Zaire), Costa do Marfim, Gabão, Quênia, Mauritânia, Nyassaland (Maláui), Nigéria, Rodésia do Norte (Zâmbia), Ruanda-Urundi (Burundi), Rodésia do Sul (Zimbábue), Tanganyika (Tanzânia) e Uganda	0,5	9,80%
Países menos desenvolvidos	Brasil, Burma (Mianmar), Ceilão (Sri Lanka), Chile, Colômbia, Costa Rica, Equador, El Salvador, Etiópia, Guatemala, Haiti, Honduras, Índia, Irã, Iraque, Malaya (Malásia), México, Nicarágua, Paquistão, Panamá, Paraguai, Peru, Filipinas, Sudão (depois da independência em 1956), Tailândia, Turquia, República Árabe Unida (Egito), Uruguai e Iugoslávia	2,9	56,86%
Índia		0,7	13,73%
Países latino-americanos	Brasil, Chile, Colômbia, Costa Rica, Equador, El Salvador, Guatemala, Haiti, Honduras, México, Nicarágua, Panamá, Paraguai, Peru e Uruguai	1,1	21,57%
Energia e transporte		2,4	47,06%
Agricultura e irrigação		0,1	1,96%

Fonte: Pereira, 2012, p. 410.
Nota: Compromissos de 1º de março de 1948 até 30 de abril de 1961.
(a) Excluídos todos os empréstimos para "reconstrução".

Os empréstimos para os países em desenvolvimento tornaram-se relevantes a partir do final dos anos 1950. Pereira (2014) esclarece que o Bird concedia dois tipos de empréstimos: 1) para programas e 2) para projetos.

No primeiro tipo, as operações eram de volume financeiro maior, com o objetivo de ajustar problemas do balanço de pagamentos, incentivando as exportações. Em geral, esses recursos de grande volume eram absorvidos por países mais solventes, como Estados Unidos, países da Europa Ocidental e Japão.

No segundo tipo, os empréstimos eram menores e destinados para países menos solventes (renda média) para financiar projetos produtivos e lucrativos. O Bird adotava um perfil conservador, centrando-se na rentabilidade dos projetos de infraestrutura; não havia, portanto, subsídio em suas operações financeiras nem crédito para setores considerados não lucrativos.

Durante os anos de 1968 a 1981, sob a presidência de Robert McNamara, o banco mais do que duplicou seus empréstimos e começou a enfatizar mais as áreas sociais e de desenvolvimento, com investimentos em agropecuária, educação, saneamento básico, nutrição, habitação urbana e planejamento familiar, como destaca Pereira (2014). Em termos geográficos, os investimentos na África e na América Latina foram intensificados.

O tema da pobreza foi posto no centro das decisões do banco. Era um tema pouco relevante até o início dos anos 1970, mas ganhou espaço no debate e nas decisões de financiamento e atuação do Bird. Reduzir a pobreza dos países menos desenvolvidos significava uma luta contra o avanço do comunismo e, durante o período da Guerra Fria, era inevitável combater a pobreza e as desigualdades sociais.

Pereira (2014) ressalta que, no final de 1979, o Bird passou a autorizar empréstimos exclusivamente para a saúde. Em 1980, no World Development Report (Relatório sobre o Desenvolvimento Mundial), o banco definiu duas áreas sociais como prioritárias:

educação (capital humano) e saúde (World Bank, 1980). A instituição entendia que financiar o desempenho do capital humano seria fundamental para combater a pobreza extrema e as grandes desigualdades sociais.

A década de 1980 foi marcada por empréstimos a países com déficits em transações correntes do balanço de pagamentos, que sofreram com as crises do petróleo e as crises da dívida externa. Foram empréstimos tomados do FMI para estabilização monetária e cambial (Pereira, 2014).

Pereira (2014) relata que o primeiro empréstimo desse tipo foi aprovado em março de 1980 para a Turquia e constituiu um exemplo para os seguintes. O autor destaca também que o programa de ajuste do Bird continha diretrizes macroeconômicas de liberalização do comércio internacional, paridade de preços internacionais, reduções de tarifas, desvalorização controlada do câmbio, estímulos às exportações e fomento a investimentos externos.

No campo socioeconômico, os programas determinavam a redução do déficit público, com cortes em gastos com pessoal, eliminação dos subsídios ao consumo e reorientação da política social para a saúde e a educação básica, com o foco na redução da pobreza absoluta (Pereira, 2014).

Quando o México decretou moratória de sua dívida externa, em agosto de 1982, empréstimos do FMI e do Bird foram liberados para conter os fortes desequilíbrios macroeconômicos e possibilitar a manutenção dos serviços da dívida. Entretanto, a crise financeira se intensificou e, em 1985, o governo americano idealizou o Plano Baker, cujo objetivo era fazer ajustes econômicos profundos no México. Devia, portanto, remodelar e reduzir o déficit público, descentralizar os gastos do governo e, em maior escala, avançar em um programa de privatizações de empresas públicas. Em alguns anos, o FMI e o Bird substituíram os bancos privados como principais credores da dívida externa mexicana.

No final de 1989, as principais instituições que impulsionavam o neoliberalismo reuniram-se em Washington, capital dos Estados Unidos, para avaliar os resultados das políticas de redução da participação do governo na economia e do amplo período de privatizações nas economias maduras e, com base neles, traçar diretrizes de política econômica. Reuniram-se congressistas norte-americanos, representantes do Tesouro, do Banco Mundial, do FMI e do BID e os principais *think tanks*[1] americanos. O pacote de dez medidas definidas ficou conhecido como Consenso de Washington (CW). São elas, de acordo com Malan (1991):

1. Disciplina fiscal, evitando grandes déficits fiscais em relação ao PIB.
2. Redirecionamento dos gastos públicos de subsídios (especialmente subsídios indiscriminados) para uma ampla provisão de serviços essenciais pró-crescimento e pró-pobres, como educação, saúde e investimento em infraestrutura.
3. Reforma tributária, ampliando a base tributária e adotando alíquotas marginais moderadas.
4. Taxas de juros determinadas pelo mercado.
5. Taxas de câmbio competitivas.
6. Livre comércio: liberalização das importações, com ênfase na eliminação de restrições quantitativas (licenciamento etc.), proteção comercial a ser fornecida por tarifas baixas e uniformes.
7. Liberalização do investimento estrangeiro direto interno.
8. Privatização de empresas estatais.
9. Desregulamentação: abolição das regulamentações que impedem a entrada no mercado ou restringem a concorrência, exceto aquelas justificadas por motivos de segurança, proteção ambiental e do consumidor e supervisão prudencial de instituições financeiras.
10. Segurança jurídica para direitos de propriedade privada.

---

[1] *Think tank* é o conceito, em inglês, de instituições que investem em pesquisas e produção de conhecimento nas áreas de economia, política e sociedade.

Com isso, os empréstimos do Bird e do FMI foram acompanhados por ajustes econômicos profundos, principalmente no âmbito de liberalização econômica, desregulamentação da economia e privatização de empresas públicas. Paralelamente, o controle dos gastos dos governos tornou-se essencial para a obtenção de mais recursos, assim como a desregulação financeira ampla, insistindo-se na eliminação de todos os instrumentos de controle sobre taxas de juros.

Pereira (2014) destaca que, no início dos anos 1990, o combate à pobreza foi pauta importante para as ações financeiras do banco; aliás, em seu Relatório Mundial de 1990, a pobreza foi o tema principal. O relatório propunha uma estratégia dual, com políticas pró-mercado e de investimento em capital humano. Os demais relatórios avançaram em uma relação mais complementar entre o Estado e o mercado, evitando, com isso, a dicotomia dominante nos anos 1980 (Pereira, 2014).

Nesse sentido, Pereira (2014) esclarece que a função do Estado deveria ser a de garantir um ambiente favorável ao desenvolvimento dos mercados e das questões sociais e defende que o Estado deveria zelar pela estabilidade macroeconômica do país, garantir a ordem pública e a segurança aos investimentos privados, investir em educação e saúde, fornecer infraestrutura básica, proteger o meio ambiente, controlar a taxa de natalidade e gerir a previdência social.

No final dos anos 1980 e início dos anos 1990, o termo *desenvolvimento sustentável* passou a ser foco dos relatórios do Banco Mundial e, logo na sequência, o termo *governança* também ganhou espaço nas questões de decisões de financiamento.

Pereira (2014), com base na definição do Banco Mundial, define *governança* como a maneira pela qual o poder é exercido na administração de recursos sociais e econômicos de um país para o desenvolvimento. Dessa forma, os marcos legais e a qualidade da administração pública tornaram-se essenciais para as políticas de financiamento. Com efeito, temas como desenvolvimento sustentável, preservação do meio ambiente e governança ganharam espaço na análise e ações do Banco Mundial.

Cabe destacar que o Bird atuou, a partir dos anos 1990, mais do que como um mero agente financeiro, visto que buscou, em suas ações, modificar a estrutura econômica dos países e governos, com ideias de redução da participação do Estado na economia, programas de privatização e investimentos em capital humano (saúde e educação básica).

Conforme Pereira (2014), em 1994, o Banco Mundial tinha se tornado uma instituição enorme e complexa, e muito diferente da desenhada em 1944, na Conferência Monetária e Financeira das Nações Unidas em Bretton Woods. A instituição contribuiu para criar uma economia mais livre e aberta e voltada para o desenvolvimento sustentável, investindo cada vez mais em saúde, infraestrutura básica e educação.

3.4 *Exemplos de financiamentos recentes do Bird*

Nesta seção, apresentaremos quatro exemplos para ilustrar como o Bird atua em diversos países e regiões.

O primeiro exemplo refere-se ao Nordeste brasileiro, com um programa firmado entre o governo da Paraíba e o Bird. O segundo diz respeito à atuação do Bird no combate à covid-19 no mundo e, em especial, no Brasil.

Em 1998, o governo do **Estado da Paraíba** e o Bird, tendo como fiador o governo federal, celebraram um contrato de empréstimo para o Projeto de Combate à Pobreza Rural do Estado da Paraíba, ou Projeto Cooperar (Vieira, 2008).

Segundo Vieira (2008), o Projeto Cooperar faz parte de um amplo programa de financiamento do Banco Mundial para o combate à pobreza: o Northeast Rural Poverty Alleviation Program

(Programa de Alívio da Pobreza Rural no Nordeste), que conta, desde 1995, com projetos financiados para os Estados da Bahia, do Ceará, de Sergipe, de Pernambuco, do Rio Grande do Norte e do Piauí.

O financiamento total do Projeto Cooperar foi de US$ 80 milhões, sendo que o Banco Mundial participou com US$ 60 milhões, o governo estadual entrou com US$ 12,9 milhões, e US$ 7,1 milhões vieram da participação das comunidades beneficiadas. No caso das comunidades, a contrapartida pode vir em dinheiro ou por meio da execução de mão de obra e produção de materiais (Vieira, 2008).

O foco do Projeto Cooperar é financiar pequenos produtores agrícolas de comunidades pobres. Visa, portanto, fomentar o emprego e a renda e melhorar a infraestrutura básica. Como explica Vieira (2008), os convênios firmados com as associações de classe das comunidades são fundamentais para o desenvolvimento do programa. Por exemplo, foi financiada a construção de cisternas, armazéns e sistemas de abastecimento de água. Ademais, com os recursos liberados, foi realizada a aquisição de máquinas beneficiadoras de arroz e milho, bem como de processadores de frutas e leite.

Vieira (2008) aponta que a participação das comunidades é elemento essencial para a implementação dos programas e que elas devem estar organizadas em associações comunitárias para entender a demanda e alocar os recursos em infraestrutura ou aquisição de equipamentos.

Em 2004, o desempenho do Projeto Cooperar apresentou os seguintes números, indicados por Vieira (2008):

- 3.200 subprojetos financiados, ou seja, 27% acima da meta estabelecida em 1998;
- 113 mil famílias beneficiadas, nos 222 municípios do estado;
- 2.600 associações participando e enviando subprojetos;
- 1.400 subprojetos para eletrificação rural, 1.180 para abastecimento de água e 226 para melhorias sanitárias.

Como ressalta Vieira (2008), mesmo com problemas observados e corrigidos pelos técnicos do Bird, o programa foi um sucesso e o contrato foi renovado por mais cinco anos.

> **Para saber mais**
>
> Caso deseje conhecer mais detalhes sobre o Programa Cooperar, sugerimos a leitura do seguinte artigo:
>
> VIEIRA, F. L. R. O Banco Mundial e o combate à pobreza no Nordeste: o caso da Paraíba. **Caderno CRH**, v. 21, p. 113-129, 2008. Disponível em: <https://www.scielo.br/j/ccrh/a/6p4TGRjjYd7jvPLn3hsQ9hC/?format=pdf&lang=pt>. Acesso em: 17 nov. 2023.

O segundo exemplo que apresentaremos está voltado para a atuação do Banco Mundial no **combate à covid-19** no mundo e, em especial, no Brasil.

O Grupo Banco Mundial, por meio do Bird e da IDA, lançou diversas iniciativas para ajudar os países a combater os impactos econômicos e de saúde provocados pela pandemia de covid-19. De abril de 2020 a março de 2022, o grupo empenhou, para a economia mundial, mais de US$ 200 bilhões para clientes e parceiros dos setores público e privado com vistas a diminuir os impactos sanitários, sociais e econômicos causados pela recente pandemia (World Bank, 2020).

Em abril de 2020, o Banco Mundial aprovou um empréstimo de US$ 12 bilhões para ajudar os países em desenvolvimento a lidar com a pandemia. O Brasil foi um dos países beneficiados, recebendo um empréstimo de US$ 1 bilhão para apoiar a resposta do país à pandemia. O empréstimo foi destinado a apoiar o fortalecimento do sistema de saúde, a proteção social para os mais vulneráveis e a manutenção de empregos e de renda para trabalhadores informais (World Bank, 2020).

Em abril de 2022, o Conselho Diretor do Banco Mundial aprovou um projeto no valor de US$ 130 milhões para a Operação de

Modernização do Setor Público e Inovação na Prestação de Serviços, para o Estado do Paraná[2]. O recurso é garantido pelo governo federal, com carência de 5 anos e prazo de pagamento de 25 anos. Esse programa visa melhorar a eficiência dos serviços de saúde e outros serviços públicos prioritários, beneficiando aproximadamente 11,5 milhões de pessoas (Paraná, 2023).

Os resultados esperados do programa incluem:

- ampliação do número de leitos hospitalares para tratar pacientes com covid-19;
- conversão de pequenos hospitais em unidades de atendimento multiprofissionais;
- desenvolvimento de uma plataforma *online* de gestão ambiental, com informações essenciais a respeito da vigilância sanitária;
- elaboração, seleção e aprovação de novos projetos de investimento público com base nas novas diretrizes do Sistema de Gestão do Investimento Público (SGIP).

A seguir, citaremos como exemplo um programa adotado na **Colômbia** para combater a pobreza e melhorar os indicadores de desenvolvimento socioeconômicos. O recurso empenhado pelo Bird no Programa de Apoio ao Crescimento Econômico com Equidade Social (Pace) foi de US$ 600 milhões, destinados a promover reformas econômicas e sociais na Colômbia. Com isso, a ação do banco visou apoiar o crescimento econômico inclusivo, reduzindo a pobreza e as desigualdades sociais, por meio de investimentos em infraestrutura, educação de qualidade, saúde e fortalecimento das instituições.

A gestão pública financeira do Estado também foi prioridade do programa, incluindo a construção de estradas, portos e aeroportos. Os programas sociais de combate às desigualdades foram

---

[2] O Estado do Paraná recebeu também um valor de US$ 30 milhões para outro programa, o Paraná Eficiente, com foco na inovação e na modernização da gestão pública (Paraná, 2023).

financiados, principalmente, com os investimentos em saúde e educação para a população mais vulnerável.

Gráfico 3.1 – Desempenho do PIB, Colômbia: 2006 a 2010

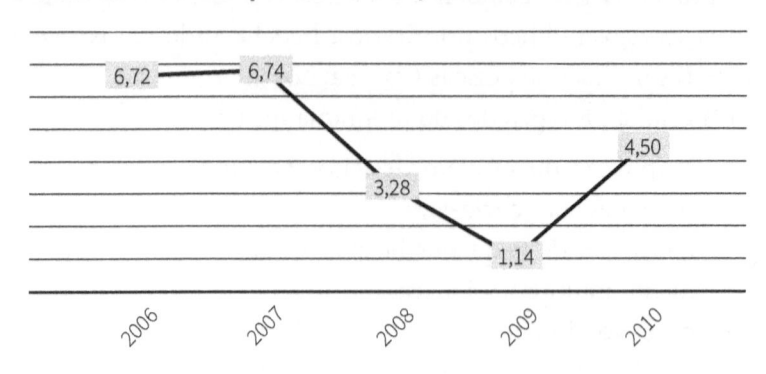

Ano	PIB (%)
2006	6,72
2007	6,74
2008	3,28
2009	1,14
2010	4,50

Fonte: Elabora com base em IMF, 2023c.

Segundo o Banco Mundial, o Pace foi um programa bem-sucedido, pois, nos anos de 2006 a 2010, a economia colombiana cresceu, em média, 4,47% de seu PIB. O país foi pouco afetado pela crise financeira internacional em 2008 e 2009 e conseguiu, ao mesmo tempo, crescer e reduzir a pobreza de 49,7% para 37,2%. O Pace foi vital também para promover melhorias na infraestrutura básica, assim como o fortalecimento das instituições (IMF, 2023c).

O quarto e último exemplo é o Projeto de Apoio à Consolidação do Pacto Nacional pela Gestão das Águas (Progestão 2), direcionado para a **gestão dos recursos hídricos do Brasil**. O desembolso do Banco Mundial foi de US$ 250 milhões, com participação também do Ministério do Meio Ambiente, da Agência Nacional de Águas (ANA) e das agências estaduais de gestão de recursos hídricos. O Progestão 2 é uma continuação do projeto anterior, o Progestão 1, que teve início em 2013 e foi encerrado em 2018 (ANA, 2023).

O objetivo principal do projeto consiste em fortalecer a gestão dos recursos hídricos brasileiros, apoiando o Plano Nacional de Recursos Hídricos e o Sistema Nacional de Gerenciamento de

Recursos Hídricos. O Progestão 2 inclui ações para aprimorar a governança das agências de bacias hidrográficas, o monitoramento e a avaliação da qualidade da água, a gestão de conflitos de uso da água e a promoção da participação social na gestão dos recursos hídricos (ANA, 2023).

O Progestão 2 é importante para o Brasil, pois o país enfrenta uma crise hídrica em diversas regiões desde 2020, com a escassez de água afetando a população, a agricultura e a indústria. Em 2023, por exemplo, o Estado do Amazonas viveu uma seca histórica, que atingiu mais de 600 mil pessoas. O projeto do Bird é uma das iniciativas do governo federal para enfrentar essa crise e melhorar a gestão dos recursos hídricos no país.

Síntese

Neste capítulo, examinamos o Bird, cujas operações iniciaram em junho de 1946, voltando-se principalmente aos governos europeus e à reconstrução de seus países. No período de 1949-1962, os empréstimos concentravam-se em projetos que envolviam a construção de usinas hidrelétricas, portos, rodovias, ferrovias, telecomunicações, projetos de irrigação e a compra de máquinas e implementos agrícolas. Vimos que, nos primeiros anos de operação, o Bird não financiou projetos relacionados às áreas sociais, de saúde ou de educação.

Durante a década de 1970, o banco passou a enfatizar as áreas sociais e de desenvolvimento, com investimentos em agropecuária, educação, saneamento básico, nutrição, habitação urbana e planejamento familiar.

A partir dos anos 1990, o Bird buscou, em suas ações, modificar a estrutura econômica dos países e dos governos, com ideias de redução da participação do Estado na economia, de programas de privatização e investimentos em capital humano (saúde e educação básica).

Questões para revisão

1. Nos anos iniciais da criação do Banco Internacional para Reconstrução e Desenvolvimento (Bird), quais países e projetos foram priorizados?

2. Segundo o Banco Mundial, o Programa de Apoio ao Crescimento Econômico com Equidade Social (Pace), no valor de US$ 600 milhões, destinados a promover reformas econômicas e sociais na Colômbia, foi bem-sucedido?

3. Assinale a alternativa que indica corretamente qual é o objetivo principal do Bird, mais conhecido como Banco Mundial:
    a. Fomentar o comércio internacional.
    b. Promover a educação global.
    c. Reduzir a pobreza e promover o desenvolvimento sustentável.
    d. Financiar projetos militares em países em desenvolvimento.
    e. Ampliar a desigualdade social.

4. Assinale a alternativa que indica corretamente qual é a principal instituição do Grupo Banco Mundial que fornece empréstimos de longo prazo para países de renda média e em desenvolvimento:
    a. Banco Internacional para Reconstrução e Desenvolvimento (Bird).
    b. Associação Internacional de Desenvolvimento (IDA).
    c. Agência Multilateral de Garantia de Investimentos (Miga).
    d. Centro Internacional para Arbitragem de Disputas sobre Investimentos (ICSID).
    e. Corporação Financeira Internacional (IFC).

5. Assinale a alternativa que indica corretamente qual é a função do Centro Internacional para Arbitragem de Disputas sobre Investimentos (ICSID):
   a. Financiar projetos de infraestrutura em países em desenvolvimento.
   b. Promover o investimento estrangeiro direto em países em desenvolvimento.
   c. Desenvolver pesquisas econômicas e análises para orientar políticas dos países-membros.
   d. Resolver disputas entre investidores estrangeiros e governos hospedeiros.
   e. Reduzir a participação do país no cenário internacional.

6. Assinale a alternativa que indica corretamente quais são as principais fontes de financiamento do Banco Mundial:
   a. Contribuições dos países-membros e taxas de juros sobre empréstimos.
   b. Doações de organizações não governamentais (ONGs).
   c. Recursos provenientes da venda de produtos agrícolas.
   d. Financiamento obtido por meio de emissão de títulos no mercado internacional.
   e. Contribuições feitas pelos Estados Unidos e pelo Japão.

7. Assinale a alternativa que indica corretamente qual é o órgão máximo de decisão do Banco Mundial:
   a. Conselho de Governadores.
   b. Conselho Executivo.
   c. Diretor-Geral.
   d. Assembleia Geral das Nações Unidas.
   e. Conselho de Gestores.

8. Assinale a alternativa que indica corretamente qual é o objetivo do Banco Mundial ao fornecer assistência técnica aos países-membros:
   a. Estabelecer acordos comerciais bilaterais.
   b. Promover a independência política dos países.
   c. Capacitar os países a desenvolver habilidades e conhecimentos para implementar projetos de desenvolvimento.
   d. Aumentar a competitividade global dos países em desenvolvimento.
   e. Reduzir a participação do país no cenário internacional.

9. Assinale a alternativa que indica corretamente qual é a principal área de atuação do Banco Mundial em relação ao desenvolvimento:
   a. Desenvolvimento agrícola e rural.
   b. Desenvolvimento de infraestrutura de transporte.
   c. Desenvolvimento tecnológico e inovação.
   d. Desenvolvimento social e redução da desigualdade econômica e social.
   e. Desenvolvimento industrial.

10. Assinale a alternativa que indica corretamente qual é o papel da avaliação de impacto feita pelo Banco Mundial:
    a. Determinar a taxa de juros dos empréstimos concedidos.
    b. Medir o progresso e os resultados dos projetos financiados.
    c. Estabelecer a distribuição de recursos entre os países-membros.
    d. Avaliar a sustentabilidade ambiental dos projetos financiados.
    e. Mensurar o impacto ambiental dos projetos.

11. Assinale a alternativa correta sobre a atuação do Banco Mundial sob a presidência de Robert McNamara, durante os anos de 1968 a 1981:
    a. A instituição reduziu seu apoio ao financiamento do desenvolvimento social.
    b. A instituição focou os países ricos e desenvolvidos.
    c. A instituição ampliou os empréstimos para a Europa e o Japão.
    d. A instituição duplicou seus empréstimos e começou a focar mais as áreas sociais.
    e. A instituição ampliou os empréstimos para os países asiáticos.

12. Assinale a alternativa **incorreta** sobre o pacote de dez medidas conhecido como Consenso de Washington:
    a. Houve maior atuação do Estado na economia e no desenvolvimento dos países.
    b. Houve mais disciplina fiscal, reduzindo os déficits públicos.
    c. Ocorreu a liberalização das importações, bem como o estímulo ao livre comércio entre os países.
    d. O processo de privatização de empresas estatais foi ampliado.
    e. Adotaram-se regimes de câmbio flutuante.

Questão para reflexão

1. Com base nos estudos deste capítulo, elabore uma análise do avanço dos empréstimos do Bird para os países não europeus do início de sua atuação até períodos recentes. Como podemos caracterizar esses empréstimos nos diferentes momentos do banco? Registre suas considerações em um texto escrito e compartilhe suas conclusões com seu grupo de estudo.

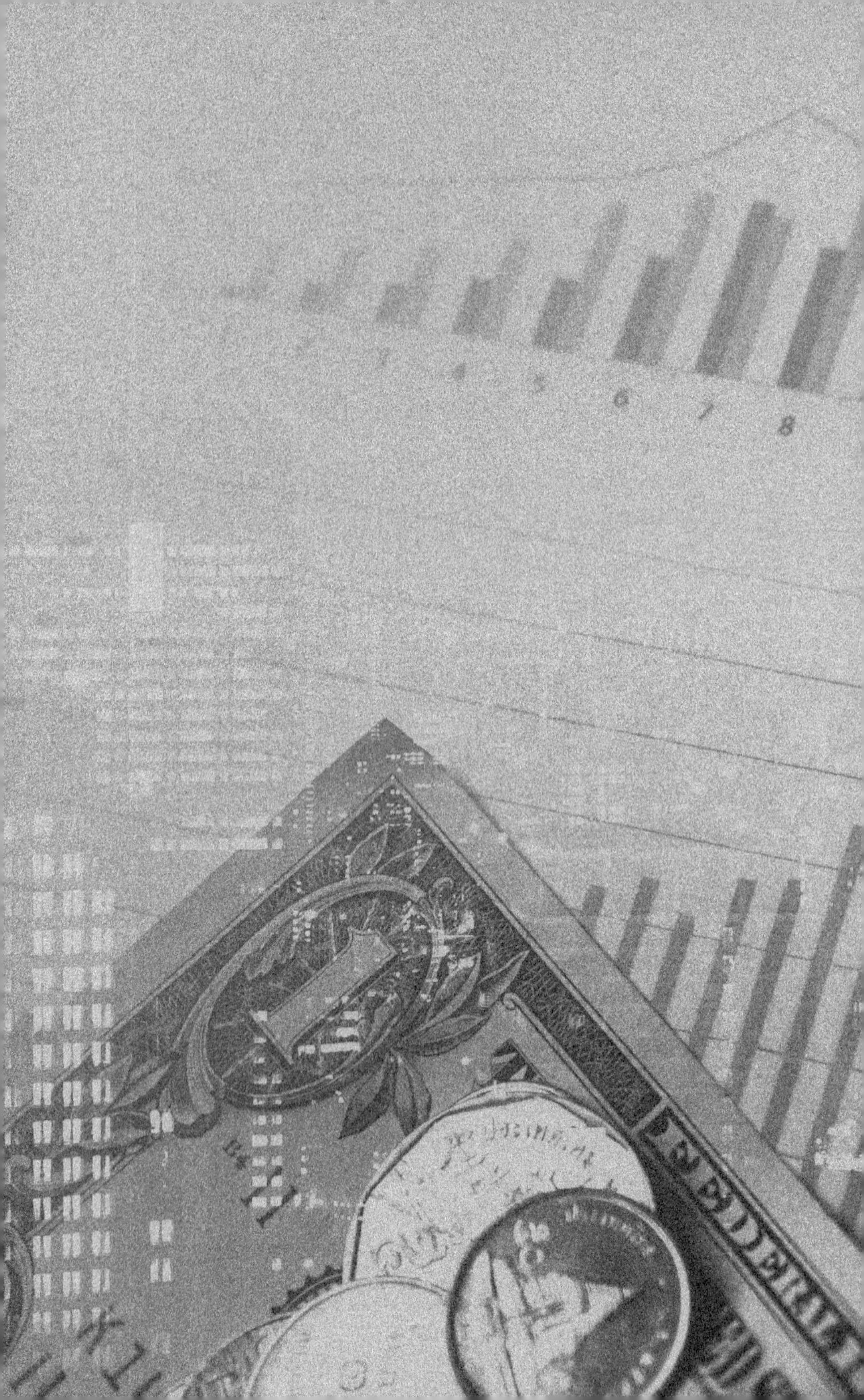
6 7 8

capítulo quatro

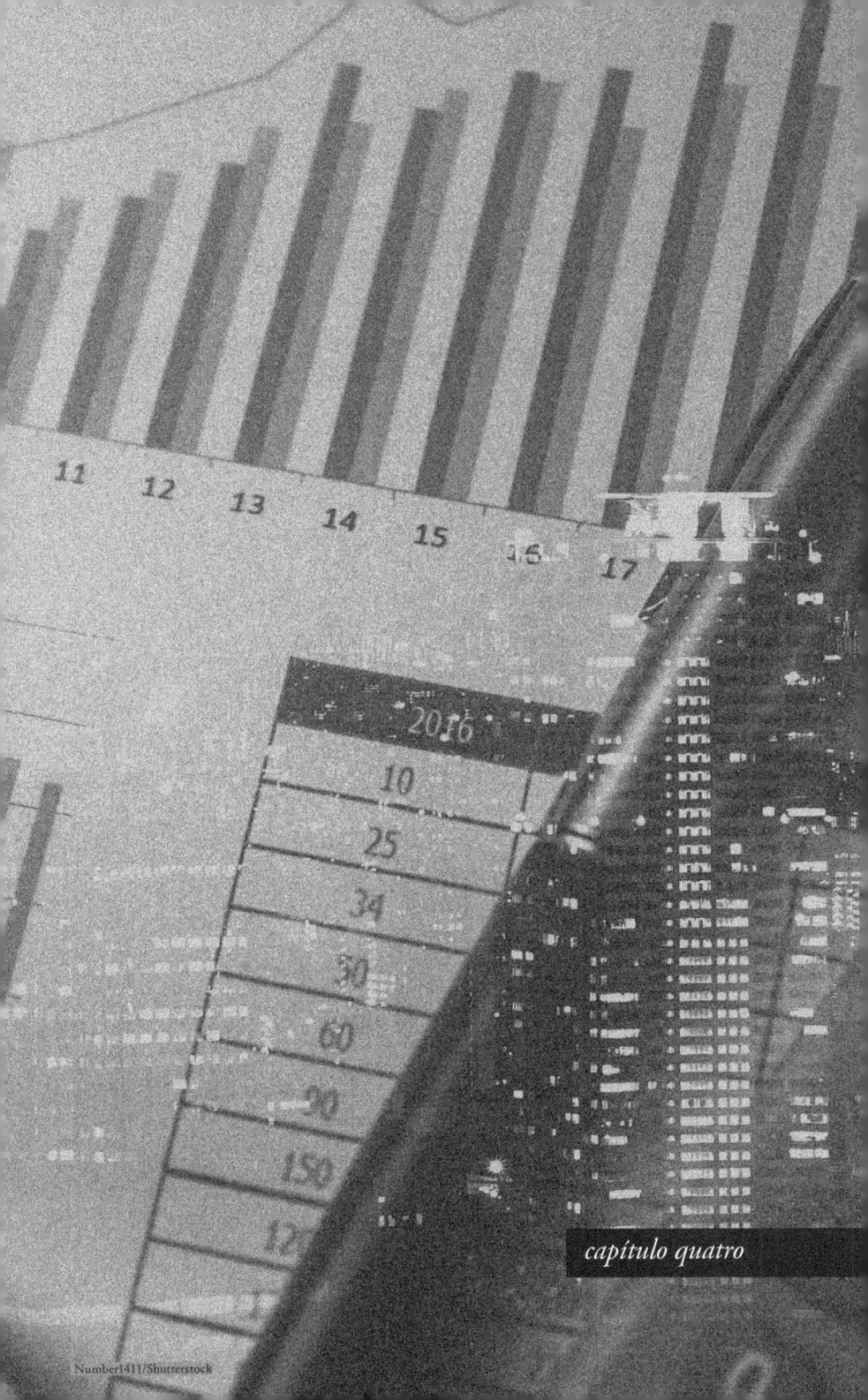

Banco Interamericano de Desenvolvimento (BID)

Conteúdos do capítulo:

- Criação e objetivos do Banco Interamericano de Desenvolvimento (BID).
- Importância do BID.
- Atuação do BID no Brasil.

Após o estudo deste capítulo, você será capaz de:

1. descrever a história e os países-membros do BID;
2. compreender a estrutura administrativa do BID;
3. atuação do BID no Brasil.

4.1 Origem e países-membros do BID

O Banco Interamericano de Desenvolvimento (BID) foi criado em 1959, durante a Guerra Fria (1947-1991), com o propósito de ampliar o apoio na agenda social para evitar o avanço do comunismo na América Latina. A influência da União das Repúblicas Socialistas Soviéticas (URSS) na região e o avanço do comunismo em Cuba fortaleceram a criação desse banco.

Scherma (2007) ressalta a importância do governo de Juscelino Kubitschek (1956-1961) na criação do BID. O autor relata a visita de John Foster Dulles, então secretário de Estado dos Estados Unidos, ao Brasil, em agosto de 1958, a fim de discutir com Juscelino o fortalecimento da comunidade interamericana. A partir dessa visita e de conversas entre os países, Dulles anunciou que os Estados Unidos estariam dispostos a estabelecer uma instituição interamericana de desenvolvimento regional apoiando seus países-membros.

Em setembro de 1958, segundo Scherma (2007), durante uma reunião dos ministros das Relações Exteriores na Organização dos Estados Americanos (OEA), foi criada uma comissão especial para pensar e avançar na ideia de desenvolvimento regional, reunindo 21 membros. Em abril de 1959, nasceria a proposta de criação do BID (Scherma, 2007).

Em 30 de dezembro de 1959, o BID foi oficialmente criado, com a ratificação dos países-membros e depósitos iniciais. Com o objetivo de contribuir para acelerar o processo de desenvolvimento econômico e social dos países-membros regionais em processo de desenvolvimento, o BID é o mais antigo banco de desenvolvimento regional (Scherma, 2007).

O BID classifica os países-membros em duas categorias: 1) mutuários e 2) não mutuários. De um total de 48 países-membros, 22 são membros não mutuários, os quais não recebem financiamento, mas, pela regra de aquisições do BID, podem fornecer bens e serviços aos projetos financiados pelo banco. Entre os não mutuários figuram os países-membros da União Europeia, Estados Unidos, Canadá, Japão, Israel, Croácia e Suíça.

Na Tabela 4.1, está indicado o poder de voto de alguns países no BID.

Tabela 4.1 – Poder de voto no BID

País	Em %
Estados Unidos	30,00%
Argentina	11,35%
Brasil	11,35%
México	7,30%
Venezuela	3,40%
Japão	5,00%
Canadá	4,00%
Chile	3,11%
Colômbia	3,11%
Outros	21,38%

Fonte: Elaborado com base em BID, 2023.

Os Estados Unidos são o maior acionário, com 30%, um membro não mutuário e com o maior poder de voto. Entretanto, como explica Scherma (2007), Argentina, Brasil, México e Venezuela juntos detêm 34,17% das ações e podem contrapor-se ao membro mais importante da organização.

> **Importante!**
>
> Os países-membros regionais do BID devem ser, obrigatoriamente, membros da Organização dos Estados Americanos (OEA) e os países-membros extrarregionais devem ser membros do Fundo Monetário Internacional (FMI).

4.2 *Estrutura organizacional do BID*

O órgão máximo do BID é a **Assembleia de Governadores**, formada com a indicação de um governador por país-membro. Seu voto é proporcional ao capital subscrito no banco pelo seu país. Em seguida, na hierarquia do banco está a **Diretoria-Executiva**, que é responsável pela condução das operações do BID e exerce as funções delegadas pela Assembleia de Governadores.

A Assembleia de Governadores elege o presidente do banco para um mandato de cinco anos, com possibilidade de reeleição. No Quadro 4.1, listamos todos os presidentes eleitos desde a criação até a última eleição, ocorrida em 2022, em que se elegeu o atual presidente, o brasileiro Ilan Goldfajn.

Quadro 4.1 – Presidentes do BID

Nome	Nacionalidade	Período
Felipe Herrera	Chile	1960-1970
Antonio Ortiz Mena	México	1971-1988
Enrique V. Iglesias	Uruguai	1988-2005
Luis Alberto Moreno	Colômbia	2005-2020
Mauricio Claver-Carone	EUA	2020-2022
Ilan Goldfajn	Brasil	Eleito em 2022

Fonte: Elaborado com base em BID, 2023.

Com 62 anos de atuação, o BID teve poucos presidentes, como observamos pelos dados do Quadro 4.1. O primeiro foi o chileno Felipe Herrera, entre os anos de 1960 e 1970, seguido pelo mexicano Antonio Mena, de 1971 a 1988. Henrique V. Iglesias, economista uruguaio nascido na Espanha, presidiu o BID por um longo período, de 1988 a 2005, e foi sucedido pelo colombiano Luis Alberto Moreno, que atuou de 2005 a 2020. Os Estados Unidos ficaram pela primeira vez na presidência com a rápida passagem de

Mauricio Claver-Carone, demitido em setembro de 2022, depois de uma investigação concluir que ele manteve uma relação íntima com uma funcionária, desrespeitando as normas da instituição. Atualmente, o banco está sendo presidido pelo brasileiro Ilan Goldfajn, como mencionamos.

> **Para saber mais**
>
> Para conhecer um pouco sobre o novo presidente do BID, o brasileiro Ilan Goldfajn, assista à entrevista concedida ao canal GloboNews, que está no vídeo publicado na notícia a seguir:
>
> LIMA, K. Novo presidente do BID diz que banco tem pautas em comum com o futuro governo Lula. **G1**, 21 nov. 2022. Disponível em: <https://g1.globo.com/economia/noticia/2022/11/21/novo-presidente-do-bid-diz-que-banco-tem-pautas-em-comum-com-o-futuro-governo-lula.ghtml>. Acesso em: 17 nov. 2023.

A partir de 1974, o BID passou a classificar os países mutuários em quatro categorias, identificadas com as letras A, B, C e D, conforme seu desenvolvimento relativo e a porcentagem máxima de financiamento que podem receber. Atualmente, são 26 membros mutuário do BID, com 50,02% do poder de voto no diretório (Scherma, 2007). Os grupos estão constituídos da seguinte forma:

Grupo A: Argentina, Brasil, México e Venezuela. Porcentagem máxima de financiamento: 60%.

Grupo B: Chile, Colômbia e Peru. Porcentagem máxima de financiamento: 70%.

Grupo C: Bahamas, Barbados, Costa Rica, Jamaica, Panamá, Suriname, Trinidad e Tobago e Uruguai. Porcentagem máxima de financiamento: 80%.

Grupo D: Belize, Bolívia, República Dominicana, Equador, El Salvador, Guatemala, Guiana, Haiti, Honduras, Nicarágua e Paraguai. Porcentagem máxima de financiamento: 90%.

Como esclarece Scherma (2007), os países do Grupo D, menos desenvolvidos, têm a oportunidade de obter até 90% dos financiamentos do BID, com prazos maiores de carência e amortizações e juros menores. Já os países do Grupo A, mais desenvolvidos, no qual o Brasil se inclui, podem receber menos aportes e com condições financeiras de prazos menores de carência e juros maiores.

4.3 Início das operações do BID

O BID iniciou suas operações por meio de dois fundos. O primeiro, Capital Ordinário, contava com US$ 850 milhões, e o segundo, Operações Especiais (FOE), com US$ 150 milhões. O objetivo do primeiro fundo é financiar projetos de caráter produtivo, até o limite de 50% de seu valor total. O BID também pode liberar recursos a empresas privadas, sem a garantia do governo correspondente.

O segundo fundo tem como propósito conceder empréstimos em condições e circunstâncias especiais referentes a projetos de determinados países. Em geral, são recursos destinados a países em situação financeira vulnerável. Os termos, prazos e condições de pagamento são mais elásticos, conferindo-se mais facilidades ao país. Essa seria uma forma de desenvolver a região e reduzir as desigualdades econômicas e sociais.

Scherma (2007, p. 52-53) explica que o BID tem uma contribuição na assistência técnica em duas vertentes:

    a. Provendo assistência técnica para preparação, financiamento e execução de planos e projetos de desenvolvimento, incluindo o estudo de prioridades e a formulação de propostas sobre projetos específicos;

    b. Colaborando na formação e aperfeiçoamento, mediante seminários e outras formas de treinamento, de pessoal especializado para o preparo e execução de planos e projetos de desenvolvimento.

Como os países menos desenvolvidos enfrentavam sérias dificuldades na execução de seus projetos em razão da falta de conhecimentos técnicos, o fato de o BID auxiliar nessa assistência é um diferencial para as economias cujos profissionais podem ser menos qualificados. Era comum, aliás, que os países não obtivessem recursos do BID ou do Banco Mundial pelo fato de o projeto não atender aos padrões dessas instituições.

Embora o BID tivesse uma preocupação especial com as questões sociais desde sua formação, seu primeiro projeto aprovado foi a construção de um aqueduto no Peru (Scherma, 2007).

Soares e Braga (2021) alegam que os investimentos do BID, nos primeiros dez anos de atuação, foram concentrados no setor de infraestrutura e, portanto, a instituição teria falhado no processo de integração regional.

Na Tabela 4.2, vemos, por exemplo, que os setores com capacidade de gerar impactos regionais significativos, como o caso de exportações intrarregionais de bens de capital, receberam modestos investimentos.

Tabela 4.2 – Operações do BID no campo da integração, em 31 de dezembro de 1969 (em milhões de dólares)

Setores	Pré-investimentos	Investimentos	Total	Em %
Exportações intrarregionais de bens de capital		41,0	41,0	10,5%
Infraestrutura	12,9	290,4	303,3	77,7%
Indústria	0,6	21,2	21,8	5,6%
Setor agropecuário	0,2	15,6	15,8	4,0%
Desenvolvimento de zonas multinacionais	0,8		0,8	0,3%

(continua)

(Tabela 4.2 – conclusão)

Setores	Pré-investimentos	Investimentos	Total	Em %
Ensino superior		2,9	2,9	0,7%
Treinamento e difusão	2,9		2,9	0,7%
Apoio institucional			1,8	0,5%
Total	17,4	371,1	390,3	100%

Fontes: Soares; Braga, 2021, p. 98.

De acordo com Soares e Braga (2021), grande parte dos recursos foi destinada a setores ligados à demanda doméstica e com pouca integração inter-regional e que se mostravam incapazes de constituir cadeias regionais de fornecedores. Como vemos na Tabela 4.2, 77% dos recursos foram destinados à infraestrutura.

Com base no Relatório Anual de 2000 do banco, Soares e Braga (2021) apontam que, de 1961 a 2000, o BID investiu cerca de US$ 106 bilhões principalmente nas seguintes áreas:

- 16,6% em reforma e modernização do Estado;
- 15,4% em energia;
- 12,0% em transportes e comunicações;
- 11,2% em setores produtivos;
- 9,9% em agricultura e pesca;
- 8,5% em saneamento;
- 7,0% em investimento social.

Além dessas áreas, Soares e Braga (2021) listam ciência e tecnologia, desenvolvimento urbano, educação, financiamento de exportações, meio ambiente, microempresas, setores sociais, entre outros.

4.4 O BID e os anos 1980

As duas crises do petróleo, a primeira em 1973 e a segunda em 1979, elevaram o preço do barril de forma expressiva no mercado internacional. Esse aumento gerou uma inflação mundial tanto nas economias desenvolvidas quanto nas em desenvolvimento, bem como um déficit na balança comercial e em transações correntes nos países importadores de petróleo. Nesse contexto, a liquidez internacional foi reduzida, e os empréstimos internacionais, necessários para cobrir os crescentes déficits em transações correntes, ficaram mais escassos.

Scherma (2007) relata que, no início dos anos 1980, o BID expandiu seus empréstimos em virtude do recente aumento de seu capital, que vigorou entre os anos de 1979 e 1982. A diretoria do banco, entretanto, identificava uma reversão do cenário internacional, com possíveis reduções na liquidez internacional. Foi o que ocorreu a partir de 1985.

Entre os primeiros anos da década de 1980, o banco expandiu seu volume de empréstimos de US$ 2,3 bilhões em 1980 para US$ 3,5 bilhões em 1984. Mesmo com os sucessivos aumentos de capital, o BID reduziu para US$ 3 bilhões de empréstimos nos anos de 1985 e 1986, marcando uma tendência de queda no volume de empréstimos. Em 1987, o banco destinou apenas US$ 2,3 bilhões em empréstimos e, ainda conforme Scherma (2007), em 1988, o BID foi marcado por um ponto de inflexão. A instituição passou a repensar suas políticas voltadas ao desenvolvimento econômico, e seu volume de empréstimos caiu para apenas US$ 1,68 bilhão.

Scherma (2007) descreve que, em 1988, o novo presidente, o uruguaio Enrique Iglesias, ao tomar posse, concentrou-se na reestruturação e na reforma do BID, assumindo uma orientação formal para que os países-membros da América Latina se preparassem para uma reforma profunda em sua economia, que abrangeria o

Estado e a estrutura econômica. Grande parte dos países mutuários do BID estava passando por forte processo inflacionário, por ineficiência em setores estratégicos e por esgotamento do modelo de crescimento orientado pelas empresas estatais (Scherma, 2007).

Em 1989, foi aprovado o sétimo aumento geral de capital, na ordem de US$ 26,5 bilhões para o Capital Ordinário e de US$ 200 milhões para o FOE, como pontua Scherma (2007). A partir desse aumento, a política do BID passou por mudanças: "agora, ao invés de escolher algumas áreas prioritárias gerais para atuação, a instituição realizará seu programa de atividades país a país, gerando estratégias que colocariam em concordância as atividades do Banco com os interesses dos países mutuários" (Scherma, 2007, p. 124).

A instituição criou também uma nova modalidade de empréstimos, os empréstimos setoriais, focados em alocar até 25% do total dos desembolsos do banco. A ideia central seria melhorar a eficiência econômica de setores prioritários para a retomada do crescimento econômico da região (Scherma, 2007).

4.5 *As relações do BID com o Brasil*

De acordo com Scherma (2007), o primeiro aporte de recursos do BID na economia brasileira ocorreu no governo Jânio Quadros (31 de janeiro a 25 de agosto de 1961), especificamente na empresa de papel e celulose Lutcher Celulose e Papel, em junho de 1961.

Mesmo com a renúncia de Jânio Quadros e a instabilidade política no período de 1961 a 1963, o Brasil recebeu expressivas parcelas de recursos do BID. A importância desse recurso mereceu ser comemorada porque, em 1959, o então presidente Juscelino Kubitschek tinha rompido com o FMI, dificultando ainda mais a liberação de recursos do Bird (Scherma, 2007), como citamos em capítulo anterior.

Gráfico 4.1 – Distribuição setorial dos projetos aprovados para o Brasil: 1961 a 1963

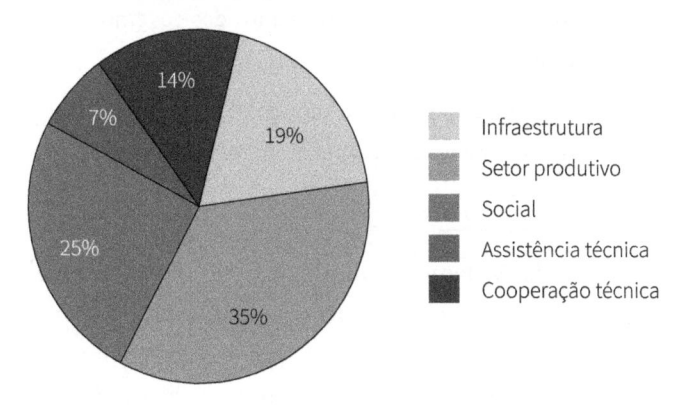

- 19% Infraestrutura
- 35% Setor produtivo
- 25% Social
- 7% Assistência técnica
- 14% Cooperação técnica

Fontes: Scherma, 2007, p. 62.

Scherma (2007) explica que a relação entre o BID e a economia brasileira seguiu padrões desenvolvimentistas, com destaque para os projetos aprovados nos seguintes setores: infraestrutura (19%), especialmente a área de saneamento e habitação de baixo custo; setor produtivo (35%), com projetos voltados ao desenvolvimento industrial; social (25%). Foi uma atuação com vistas à relação de longo prazo e de fortalecimento do Estado brasileiro, independentemente da conturbada situação política.

Durante o primeiro governo militar, exercido pelo Marechal Humberto de Alencar Castello Branco (1964-1967), a relação do BID com o Brasil intensificou-se, pois o país reatou com o FMI, ampliando os recursos do Banco Mundial.

Conforme Scherma (2007), entre os anos de 1964 a 1967, os empréstimos do BID para o Brasil seguiram a mesma lógica dos anos anteriores, com grande parte dos investimentos sendo destinada aos setores de infraestrutura, produtivo e social. O banco foi fundamental para que o objetivo do Plano de Ação Econômica do Governo (Paeg), lançado em agosto de 1964, fosse alcançado: controle da inflação com desenvolvimento econômico, corrigindo as disparidades setoriais e regionais da economia brasileira.

> **Para saber mais**
>
> Para saber mais sobre o Paeg e demais planos dos governos militares, assista ao seguinte vídeo:
>
> ABREU, Y. **Paeg 1964-1967**: Plano de Ação Econômica. Disponível em: <https://www.youtube.com/watch?v=JsqT6cgWrio>. Acesso em: 11 dez. 2023.

No período do Milagre Econômico (1968-1973), o Brasil cresceu a taxas expressivas, acima de 10% ao ano. Grande parte desse crescimento econômico foi financiada por recursos externos, com a ampliação do papel do BID na economia brasileira. O BID ajudou no desenvolvimento da infraestrutura de energia e transportes com empréstimos para grandes obras, como as hidrelétricas de Ilha Solteira, em São Paulo, de Paulo Afonso, na Bahia, e de Passo Fundo, no Rio Grande do Sul, que solicitaram empréstimos mais expressivos (Scherma, 2007).

Segundo Scherma (2007), entre 1968 e 1973, os investimentos em projetos na área social no Brasil diminuíram se comparados aos dos períodos anteriores. Realmente, o foco foi financiar a indústria de transformação, o setor energético e os transportes, com o intuito de melhorar o escoamento da produção. Por esse motivo, o Brasil registrou elevadas taxas de crescimento do produto interno bruto (PIB) durante esse período, com aumento na desigualdade social.

Na Tabela 4.3, consta o valor percentual de empréstimos do BID ao Brasil em relação aos desembolsos totais, no período de 1963 a 1979. Com base nesses dados, vemos que em nenhum ano esse valor foi inferior a 15% do total e o Brasil sempre teve uma participação relevante nesses empréstimos (Scherma, 2007).

Durante o período do Milagre Econômico, os valores sofreram variações entre 20% e 30% e, como grande parte desse recurso foi destinada à infraestrutura e ao setor produtivo, a atuação do BID foi marcada por um viés desenvolvimentista.

Tabela 4.3 – Porcentagem de empréstimos do BID ao Brasil, em relação ao total desembolsado pelo banco: 1963 a 1979

Ano	Em %	Ano	Em %	Ano	Em %
1963	15%	1969	22%	1975	19%
1964	31%	1970	24%	1976	15%
1965	24%	1971	22%	1977	20%
1966	25%	1972	26%	1978	15%
1967	22%	1973	30%	1979	17%
1968	15%	1974	16%		

Fonte: Scherma, 2007, p. 96.

Como o Brasil desenvolveu equipes especializadas em projetos, conseguiu manter uma média de recursos relevante nos empréstimos do BID. Considerando-se a abundância de liquidez internacional dos anos 1970, os empréstimos do banco foram importantes e expressivos para os países da América Latina e, em especial, para o Brasil. Essa liquidez abundante, contudo, foi restringida pela crise da dívida externa de vários países importadores de petróleo no início dos anos 1980.

4.5.1 Atuação do BID no Brasil dos anos 1980

De acordo com Scherma (2007), durante a década de 1980, grande parte dos projetos do BID para o Brasil ocorreu nos setores de infraestrutura (36%) e produtivo (33%) e houve uma ampliação nos empréstimos destinados à área social (27%). A ampliação nos projetos sociais visou reduzir os impactos da crise financeira da dívida externa vivida pela economia brasileira, do aumento desenfreado do processo inflacionário e da queda da renda *per capita*. Entre outras palavras, observou-se um processo de aumento das desigualdades sociais e da pobreza.

Gráfico 4.2 – Distribuição setorial dos projetos aprovados para o Brasil: 1980 a 1989

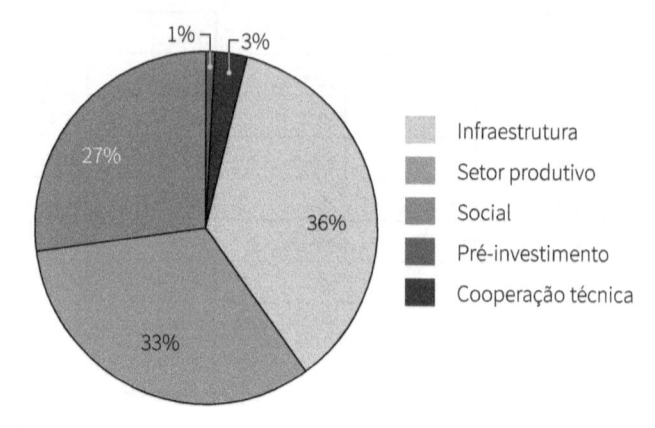

- Infraestrutura: 36%
- Setor produtivo: 33%
- Social: 27%
- Pré-investimento: 1%
- Cooperação técnica: 3%

Fonte: Scherma, 2007, p. 128.

4.5.2 Exemplos de projetos do BID no Brasil

Nesta seção, apresentaremos exemplos de programas do BID para ilustrar como esse banco atuou na economia brasileira.

O primeiro exemplo refere-se ao financiamento de programas sociais, em especial o Bolsa Família. O segundo exemplo diz respeito a um programa adotado em São Paulo para promover a modernização e a ampliação do metrô.

O **Bolsa Família** é um dos principais programas sociais do Brasil, criado em 2003 pelo governo federal para combater a pobreza e a desigualdade social. O BID tem sido um importante parceiro no financiamento do programa desde o seu início, contribuindo para o seu aprimoramento e a sua expansão.

Em 2003, US$ 2 bilhões foram liberados para o governo brasileiro investir no programa Bolsa Família, valor repassado em duas etapas. O empréstimo do BID foi usado para financiar diversas ações, como a expansão da base de dados do Cadastro Único, utilizado para identificar as famílias beneficiárias do programa, a capacitação de gestores e operadores do programa, o desenvolvimento de pesquisas para avaliar o impacto do programa na redução da pobreza e da desigualdade, entre outras.

Com o apoio do BID, o programa teve um crescimento significativo nos anos seguintes, passando de cerca de 3,6 milhões de famílias beneficiárias em 2003 para mais de 14 milhões em 2010. O programa tem sido considerado uma das principais políticas públicas para a redução da pobreza e da desigualdade social no Brasil, tendo recebido reconhecimento internacional pela sua efetividade.

Durante a pandemia de covid-19, o BID liberou US$ 1 bilhão ao governo federal do Brasil para fortalecer a capacidade de resposta emergencial do país às populações vulneráveis e aos trabalhadores. O empréstimo financiou recursos do Bolsa Família e dos programas de emergência social, como o Auxílio Emergencial e o Programa Emergencial de Manutenção do Emprego e Renda. O foco principal consistiu em ajudar o Brasil no processo de mitigar os efeitos negativos da pandemia.

Outro projeto com apoio do BID que merece destaque foi **a modernização e a ampliação do metrô de São Paulo,** no início dos anos 2000, com objetivo de adquirir novos trens, construir novas estações, ampliar a rede de trilhos e modernizar os sistemas de sinalização e de controle de trens.

Contando com um financiamento de US$ 481 milhões do BID, o projeto foi implementado em parceria com o governo do Estado de São Paulo. Em especial, o foco foi na expansão e modernização da Linha 5-Lilás do metrô, melhorando a vida de moradores de baixa renda das áreas sul e oeste da cidade.

O projeto contribuiu para a melhoria da mobilidade urbana em São Paulo, uma das principais cidades do país, e para o aumento da qualidade de vida da população, ao reduzir o tempo de deslocamento e melhorar o acesso a serviços e oportunidades de trabalho e estudo.

O empréstimo do BID financiou a modernização de oito trens de seis vagões operacionais, bem como sistemas de operação dos trens, incluindo telecomunicações e eletricidade. O Estado de São Paulo financiou a construção e a supervisão das obras de túneis e trilhos, a compra de 26 novos trens de seis vagões e o sistema de sinalização (CBTC – controle de trens baseado em comunicações) (BID, 2010).

4.6 *Atuação recente do BID*

Scherma (2007) explica que a atuação do BID, no início dos anos 1990, foi mais ativa, buscando ampliar sua participação na recuperação das economias dos países da América Latina. Com o propósito de reestruturar as empresas, reduzir as dívidas bancárias e ampliar o processo de liberalização econômica e privatizações, o BID passou a ser uma instituição menos desenvolvimentista e mais liberal, concentrando-se na eficiência das corporações e reduzindo a participação do Estado na economia dos países.

Em 1990, o BID desembolsou seus primeiros empréstimos setoriais, no total de US$ 1,3 bilhão. O México recebeu recursos para modernizar seus setores de comunicação e de transporte, com a privatização da Telmex, até então estatal mexicana de telecomunicações. Países como Venezuela, Colômbia, Honduras e Jamaica também receberam esses recursos setoriais. Em 1991, o BID desembolsou um valor recorde de US$ 5,4 bilhões para 11 países, tornando-se o maior agente de financiamento para a América Latina (Scherma, 2007).

Durante os anos 1990, o BID ampliou sua preocupação em aumentar os projetos nas áreas sociais de combate à pobreza e inseriu em sua análise projetos socioeconômicos com ênfase em desenvolvimento humano, melhoramento da qualidade de vida, reformulação do papel do Estado na economia e proteção ao meio ambiente (Scherma, 2007).

Os empréstimos de emergência foram vitais para auxiliar os países durante crises cambiais, como defende Scherma (2007). O BID instituiu uma modalidade de empréstimos de emergência utilizada pelo México em 1995, pelo Brasil em 1998/1999 e pela Argentina em 2001/2002. Scherma (2007) destaca que, em 1998, em virtude do empréstimo de emergência para o Brasil, o banco desembolsou uma cifra recorde de US$ 10 bilhões.

No início dos anos 2000, o banco passou a atuar mais com a ideia de programas do que com a de projetos e também ampliou seu compromisso com a área social, investindo principalmente em programas de combate à pobreza, à fome e à desnutrição infantil. Também passou a concentrar sua classificação em dois grupos de países, conforme seus níveis de renda *per capita*, sendo que os países com menor PIB *per capita* devem receber 35% do total de empréstimos do banco. Esses investimentos são destinados à capacitação e ao desenvolvimento humano e social.

Síntese

Neste capítulo, vimos que o BID foi criado com o propósito de apoiar a agenda social para evitar o avanço do comunismo na América Latina e que buscava contribuir para acelerar o processo de desenvolvimento econômico e social dos países-membros regionais.

Destacamos que os investimentos, nos anos iniciais de atuação, foram concentrados no setor de infraestrutura, o que pressupõe que a instituição teria falhado no processo de integração regional.

Nos anos 1980, grande parte dos projetos do BID para o Brasil ocorreu nos setores de infraestrutura, produção e área social. Os projetos sociais pretendiam reduzir os efeitos da crise financeira decorrente da dívida externa brasileira e do aumento desenfreado do processo inflacionário.

Nos anos 1990, o BID preocupou-se em aumentar os projetos nas áreas sociais de combate à pobreza e inseriu em sua análise projetos socioeconômicos com ênfase no desenvolvimento humano, no melhoramento da qualidade de vida, na reformulação do papel do Estado na economia e na proteção ao meio ambiente.

No início dos anos 2000, o foco da instituição foram os programas de combate à pobreza, à fome e à desnutrição infantil, bem como os investimentos em capacitação e desenvolvimento humano e social.

Questões para revisão

1. Quais motivos de ordem política e econômica levaram os países desenvolvidos à criação do Banco Interamericano de Desenvolvimento (BID), em 1959?

2. Comente sobre a distribuição setorial dos projetos aprovados para o Brasil pelo BID no período de 1980 a 1989.

3. Assinale a alternativa que indica corretamente o principal objetivo da atuação do BID:
   a. Promover o desenvolvimento econômico e social na América Latina e no Caribe.
   b. Fornecer empréstimos para países em desenvolvimento em todo o mundo.
   c. Financiar projetos de infraestrutura nos países-membros dessa instituição.
   d. Estimular o comércio internacional na região.
   e. Estimular projetos que visem à concentração de renda e riqueza.

4. Assinale a alternativa que indica corretamente qual é a fonte de financiamento do BID para a execução de seus projetos:
   a. Contribuições voluntárias dos países-membros dessa instituição.
   b. Empréstimos concedidos pelos países-membros dessa instituição.
   c. Recursos provenientes da venda de títulos no mercado financeiro internacional.
   d. Doações de organizações filantrópicas internacionais.
   e. *Royalties* do petróleo dos países-membros.

5. O primeiro aporte de recursos do BID na economia brasileira ocorreu no governo Jânio Quadros, em junho de 1961. Assinale a alternativa que indica corretamente em qual setor ele ocorreu:
   a. Petróleo e gás.
   b. Papel e celulose.
   c. Produtos químicos.
   d. Mineração
   e. Comércio.

6. Assinale a alternativa correta com relação à porcentagem de empréstimos do BID ao Brasil em comparação com o total desembolsado pelo banco no período de 1963 a 1979:
   a. O Brasil pouco recebeu de empréstimo nesse período.
   b. O Brasil absorveu cerca de 50% a 60% desses recursos, sendo o país que mais recebeu empréstimos.
   c. O Brasil absorveu cerca de 70% a 80% desses recursos, destinados às áreas sociais e produtivas.
   d. O Brasil absorveu cerca de 20% a 30% desses recursos, sendo uma grande parte destinada à infraestrutura e ao setor produtivo.
   e. O Brasil absorveu mais de 95% dos recursos.

7. A partir de 1974, o BID classificou os países mutuários em quatro categorias (A, B, C e D), conforme seu desenvolvimento relativo e a porcentagem máxima de financiamento que podem receber. Assinale a alternativa correta a respeito dessa classificação:
   a. Os países do Grupo A são os menos desenvolvidos, por isso devem receber mais recursos.
   b. O Brasil está classificado no Grupo C.
   c. Os países do Grupo D são os menos desenvolvidos, por isso obtêm condições especiais de financiamento.
   d. Os países do Grupo A são mais desenvolvidos, por isso obtêm condições de financiamento melhores do que as dos outros grupos.
   e. O Brasil está classificado no Grupo D.

8. Assinale a alternativa correta com relação aos desembolsos do BID para a economia brasileira durante a década de 1980:
   a. Esses desembolsos foram destinados aos setores de infraestrutura e produtivo e houve uma ampliação nos empréstimos destinados à área social.
   b. Esses desembolsos foram destinados quase exclusivamente às áreas sociais, para amenizar a crise da dívida externa.
   c. Esses desembolsos foram destinados quase exclusivamente ao setor produtivo, para amenizar a recessão econômica.
   d. Esses desembolsos foram concentrados na área técnica, desenvolvendo profissionais da área.
   e. Esses desembolsos foram concentrados no setor de comércio.

9. A atuação do BID, no início dos anos 1990, foi mais ativa, buscando ampliar sua participação na recuperação das economias dos países da América Latina. Assinale a alternativa correta sobre essa atuação:

   a. O BID reduziu seus projetos nas áreas sociais de combate à pobreza.
   b. O BID focou principalmente a estatização das empresas e o aumento das dívidas bancárias dos países-membros dessa instituição.
   c. O BID auxiliou o México na estatização de sua empresa de telecomunicação, a Telmex.
   d. O BID inseriu em sua análise projetos socioeconômicos com ênfase no desenvolvimento humano e na proteção ao meio ambiente.
   e. O BID ampliou seus recursos nas áreas de comércio e serviços.

Questão para reflexão

1. Com base nos estudos do capítulo, elabore um texto escrito sobre a atuação do BID no início dos anos 2000. Aponte as principais mudanças ocorridas e apresente suas considerações sobre elas. Depois, compartilhe seu texto com seu grupo de estudo.

MIL PESOS
BANCO CENTRAL DE LA
TRAL DE RESERVA DEL
2 MIL
5000
CINCUENTA ANIVERSARIO
1967 - 2017
DEL URUGUAY

capítulo cinco

Sistema Econômico Latino-Americano e do Caribe (Sela)

Conteúdos do capítulo:

- Criação, estruturas e operações do Sistema Econômico Latino-Americano e do Caribe (Sela).
- Importância do Sela no combate às desigualdades.

Após o estudo deste capítulo, você será capaz de:

1. relatar a história do Sela e reconhecer seus países-membros;
2. entender a estrutura administrativa e operacional do Sela;
3. descrever as operações do banco e sua atuação no Brasil.

5.1 Origem e países-membros do Sela

O Sistema Econômico Latino-Americano e do Caribe (Sela) foi criado em 1975, por meio da assinatura do Convênio do Panamá pelos seus membros, os Estados soberanos da América Latina e do Caribe.

Primeira organização regional a incluir quase todos os países da América Latina e uma boa parte do Caribe, sem a presença de países de fora da região, o Sela contou com a participação de 25 países: Argentina, Bahamas, Barbados, Belize, Bolívia, Brasil, Chile, Colômbia, Cuba, El Salvador, Equador, Guatemala, Guiana, Haiti, Honduras, México, Nicaragua, Panamá, Paraguai, Peru, República Dominicana, Suriname, Trinidad e Tobago, Uruguai e Venezuela.

A instituição surgiu a partir de reuniões e conversas, em 1974, entre os presidentes do México, Luis Echeverría, e da Venezuela, Carlos André Pérez. Suas visões convergiam para criar uma instituição regional voltada para a cooperação e a coordenação entre os países. Buscava-se, portanto, envolver todos os países para uma discussão sobre os desafios socioeconômicos e as soluções para resolvê-los, assim como a adoção de posições e estratégias conjuntas no âmbito internacional.

Em junho de 1976, o Convênio do Panamá foi ratificado por grande parte dos países latino-americanos e caribenhos e passou a ter plena vigência.

Sua sede foi estabelecida em Caracas, capital da Venezuela, e o primeiro secretário permanente foi o economista equatoriano Jaime Moncayo Garcia, que defendia ser fundamental ampliar a coordenação e as parcerias entre as economias da região, em virtude das crises vivenciadas no início dos anos 1970, dos acordos de Bretton Woods e do Fundo Monetário Internacional (FMI).

Desse modo, o Sela pretendia reduzir a dependência das economias latino-americanas em relação às economias desenvolvidas. Entendia-se que a maior integração entre os países poderia desenvolver e oferecer mão de obra qualificada e matéria-prima, assim como ampliar as escalas de produção e desenvolvimento conjunto de tecnologias.

Essa nova ordem econômica internacional teria como força motriz os países em desenvolvimento e, de forma pragmática, identificaria e atenderia os interesses comuns. Não se intentava substituir a Organização dos Estados Americanos (OEA), e sim, como destaca Estenssoro (1994), utilizar as experiências e os recursos técnicos de outros organismos internacionais. Trata-se de um organismo, portanto, voltado à integração e à cooperação da América-Latina e do Caribe, que toma decisões baseadas no consenso entre seus membros, nas regras e nas políticas do Sela.

5.2 *Objetivos do Sela*

É importante apresentarmos os objetivos do Sela para definirmos suas áreas de atuação. Por isso, esta seção está baseada no próprio documento de criação da instituição, isto é, no Convênio do Panamá.

De acordo com o documento constitutivo do Sela (2006), o primeiro macrobjetivo consiste em promover a cooperação regional, a fim de atingir o desenvolvimento integral, autossustentável e independente. A organização considera que esse macrobjetivo deve ser alcançado por meio das seguintes ações:

a. Investimento em ações voltadas ao melhor aproveitamento dos recursos humanos, naturais, técnicos e financeiros da região, pela promoção de empresas multinacionais latino-americanas, podendo ser estatais, de capital misto ou privadas;
b. Promoção da oferta de produtos básicos, como agropecuários, energéticos e farmacêuticos, cuja produção seja satisfatória para atender à demanda dos países-membros;

c. Investimentos no processo de industrialização dos Estados-membros, utilizando a matéria-prima disponível e abundante da região, para evitar apenas as exportações de insumos básicos e as importações de produtos manufaturado;
d. Garantia, quando possível, de preços competitivos e valorizados no mercado internacional dos produtos exportados, tanto as matérias-primas quanto os produtos manufaturados, com o objetivo de auxiliar os países-membros nos ajustes de mercado, buscando sua estabilização e a defesa de preços mínimos;
e. Auxílio no processo de negociação para aquisição e uso de bens de capital e tecnologia;
f. Auxílio no processo de captação e de canalização de recursos financeiros que contribuem para o desenvolvimento socioeconômico da região;
g. Promoção do intercâmbio tecnológico por meio da cooperação entre os países latino-americanos e caribenhos, aproveitando as vantagens comparativas derivadas dos recursos humanos, científicos e até mesmo culturais;
h. Promoção dos setores de transporte, comunicação e turismo entre os países-membros, por meio de uma coordenação intrarregional;
i. Investimento em ações de preservação e melhoria ambiental;
j. Ajuda aos países que sofreram com catástrofes naturais, que estejam vivendo, portanto, em uma emergência social e econômica.

O Sela concentra-se também em apoiar os processos de integração da região, fazendo convergir as políticas econômicas e sociais dos países-membros, além de buscar promover a formulação e a execução de programas e projetos econômicos e sociais de interesse dos Estados-membros (Sela, 2006).

Outro objetivo importante do Sela é atuar como um mecanismo de consulta para temas econômicos e sociais que envolvam os países da América Latina e outras regiões. Nesse sentido, a instituição busca manter posições coordenadas e de interesse da região (Sela, 2006)

A instituição também se ocupa do desenvolvimento dos países menos desenvolvidos para garantir um tratamento preferencial no que diz respeito ao acesso aos mercados e às condições econômicas diferenciadas (Sela, 2006).

5.3 *Estrutura do Sela*

Para alcançar os objetivos propostos, os órgãos do Sela são divididos em três classificações: 1) Conselho Latino-Americano; 2) Comitês de Ação; 3) Secretaria Permanente. São três órgãos que dão suporte básico à estrutura da instituição (Sela, 2006).

1. **Conselho Latino-Americano**: é o órgão supremo da organização, integrado por um representante de cada Estado-membro. Normalmente, reúne-se na sede da Secretaria Permanente. Cada Estado-membro tem direito a um voto e cabe ao Conselho organizar uma reunião ordinária anual em nível ministerial, além de poder organizar reuniões extraordinárias, em nível ministerial ou não ministerial. Os principais poderes do Conselho Latino-Americano são, basicamente, estabelecer as políticas gerais; eleger e destituir o secretário permanente e o secretário permanente adjunto; aprovar o orçamento e as demonstrações financeiras, assim como seu programa de trabalho; aprovar as posições estratégicas comuns dos Estados-membros em matéria econômica e social, entre outras. É importante destacar que o Conselho não adotará decisões que afetem as políticas nacionais dos Estados-membros.

2. **Comitês de Ação**: com a finalidade de desenvolver estudos, programas e projetos de interesse comum dos Estados-membros, os Comitês trabalham em áreas específicas, como comércio, investimento, tecnologia, energia, agricultura e meio ambiente. Responsáveis por estudar e propor políticas e projetos que possam contribuir para o desenvolvimento econômico e social da região, coordenam ações conjuntas entre os países-membros. Cada Comitê de Ação estabelecerá a própria secretaria, que, na medida do possível, será ocupada por um funcionário da Secretaria Permanente, a fim de apoiar suas tarefas e contribuir para a coordenação dos Comitês de Ação, os quais devem manter a Secretaria Permanente informada sobre o andamento e os resultados de seus trabalhos.
3. **Secretaria Permanente**: órgão técnico-administrativo, com sede em Caracas, é comandada pelo secretário permanente, eleito por um período de quatro anos, podendo ser reeleito uma vez, mas não por períodos consecutivos, nem substituído por pessoa da mesma nacionalidade. O secretário permanente será cidadão e natural de um dos Estados-membros e participará com voz, mas sem voto, no Conselho Latino-Americano. Suas funções principais são promover e desenvolver estudos preliminares de interesse para dois ou mais Estados-membros, facilitar o desenvolvimento das atividades dos Comitês de Ação, contribuir para a coordenação entre eles, inclusive auxiliando na condução dos respectivos estudos, promover e organizar acordos para o desenvolvimento de estudos, programas e projetos com organismos e instituições internacionais, especialmente de caráter regional, nacionais dos Estados-membros e de países terceiros (Sela, 2006).

Por fim, destacamos alguns exemplos de Comitês de Ação do Sela e seus objetivos específicos:

- **Comitê de Ação em Agricultura:** promover a cooperação entre os países da região no desenvolvimento da agricultura, concentrando-se em produção, comercialização e tecnologias. Esse comitê também trabalha para melhorar a segurança alimentar e nutricional na região.
- **Comitê de Ação em Energia:** promover o desenvolvimento e o uso de fontes de energia renováveis e não renováveis, priorizando a eficiência energética e a gestão sustentável dos recursos energéticos.
- **Comitê de Ação em Tecnologia e Inovação:** desenvolver tecnologias e inovações que possam contribuir para o desenvolvimento econômico e social da região, bem como promover a transferência de tecnologia e conhecimento entre os países-membros para fortalecer a capacidade tecnológica da região.
- **Comitê de Ação em Comércio:** ampliar o comércio intrarregional, eliminando, quando possível, barreiras comerciais para fortalecer a integração econômica da região.
- **Comitê de Ação em Meio Ambiente:** proteger a biodiversidade, gerir recursos naturais, combater as mudanças climáticas e promover a economia verde.
- **Comitê de Ação em Turismo:** desenvolver o turismo como uma atividade econômica importante na região.

5.4 *Áreas de trabalho do Sela*

O Sela concentra sua atenção em três áreas de trabalho. A primeira é a **área de relações extrarregionais**, com o objetivo de analisar propostas de negociação e de cooperação desde a perspectiva da América Latina e do Caribe. A área desenvolve uma análise sistemática do impacto das decisões e dos processos econômicos globais nas economias da região, assim como avalia os processos de negociação comercial, econômica e financeira internacional e suas implicações para o desenvolvimento e a integração regional. Além disso, oferece apoio aos Estados-membros em relação à sua participação nas deliberações e negociações correspondentes.

A segunda é a **área de relações intrarregionais**, responsável por contribuir para o desenvolvimento, a articulação e a convergência dos processos de integração sub-regional na América Latina e no Caribe. Também procura manter uma análise sistemática dos fatores relevantes para facilitar o desenvolvimento harmonioso da integração entre os países da América Latina e do Caribe e promover estratégias para identificar ações operacionais que viabilizem a articulação e a convergência da integração econômica no nível regional.

A terceira é a **área de cooperação econômica e técnica** para promover a cooperação multilateral e bilateral com a região por parte de organizações internacionais e países doadores e também atuar como um ponto regional para a cooperação econômica e técnica entre os países em desenvolvimento. Essa área é igualmente responsável por estimular o intercâmbio de experiências e informações sobre as políticas nacionais, em particular as de maior importância para a coordenação macroeconômica (Sela, 2023).

> **Para saber mais**
>
> Para saber mais sobre a estrutura do Sela, acesse o *site* da instituição:
>
> SELA – Sistema Económico Latinoamericano y del Caribe. **Estructura del SELA**. Disponível em: <https://www.sela.org/es/que-es-el-sela/estructura-del-sela/>. Acesso em: 17 nov. 2023.

5.5 Exemplos de ações e participações do Sela

O primeiro exemplo refere-se ao projeto da Food and Agriculture Organization (FAO), ou Organização das Nações Unidas para a Alimentação e a Agricultura, com a cooperação do Sela, para **o fortalecimento da agricultura familiar e o desenvolvimento rural sustentável**. O projeto inicialmente foi implementado em Honduras, com o objetivo de melhorar as condições socioeconômicas dos produtores rurais e fortalecer a agricultura familiar no país (Sela, 2014; Cnaf, 2017).

A iniciativa contou com a participação do Comitê de Ação em Agricultura do Sela, que forneceu assistência técnica e financeira para a implementação das atividades. Entre as principais atividades do projeto estão:

a. **Melhoria da produtividade e da qualidade dos produtos agrícolas**: os produtores rurais receberam treinamento em técnicas agrícolas sustentáveis e boas práticas de produção. Além disso, foram fornecidos insumos agrícolas de qualidade e equipamentos para melhorar a produção e a qualidade dos produtos agrícolas.

b. **Promoção da comercialização dos produtos agrícolas**: o projeto promoveu a criação de redes de comercialização e a participação dos produtores rurais em feiras e mercados locais e regionais. Ademais, foram estabelecidos canais de venda direta dos produtos para o mercado nacional e internacional.

c. **Fortalecimento das organizações de produtores rurais**: houve a criação e o fortalecimento de cooperativas e associações de produtores rurais, com o objetivo de melhorar a organização e a gestão dos produtores e sua participação no desenvolvimento rural sustentável.

O projeto foi implementado a partir da Reunião Regional de Alto Nível sobre Segurança Alimentar na América Latina e no Caribe, em maio de 2008, e teve um impacto significativo no fortalecimento da agricultura familiar e no desenvolvimento rural sustentável em Honduras. Os produtores rurais envolvidos no projeto conseguiram melhorar sua produtividade e a qualidade dos produtos agrícolas, bem como aumentar sua renda e melhorar suas condições de vida. Além disso, a iniciativa ajudou a melhorar a segurança alimentar e nutricional da população local e reduzir a dependência do país em relação à importação de alimentos.

Outro exemplo é um programa adotado em parceria com vários países da América Central, **na conservação e no uso sustentável da biodiversidade no Corredor Biológico Mesoamericano**[1] (FAO, 1993).

Algumas das atividades desenvolvidas no projeto incluíram:

a. **Fortalecimento das áreas protegidas**: foram feitos investimentos em infraestrutura e recursos humanos para fortalecer as áreas protegidas na região, com o objetivo de aumentar sua efetividade na conservação da biodiversidade.

b. **Promoção do uso sustentável dos recursos naturais**: foram implementadas iniciativas para promover o uso sustentável dos recursos naturais na região, como o manejo florestal comunitário e a agricultura orgânica.

c. **Fortalecimento das capacidades das comunidades locais**: foram realizados treinamentos e capacitações para as comunidades locais sobre a conservação da biodiversidade e o uso sustentável dos recursos naturais.

d. **Promoção do turismo sustentável**: foram desenvolvidos projetos de turismo sustentável na região, como o ecoturismo, com o fim de gerar renda para as comunidades locais e promover a conservação da biodiversidade.

---

1 Para uma análise mais detalhada do Corredor Mesoamericano, consultar Brito (2012).

O projeto da FAO com cooperação do Sela teve impacto significativo na conservação da biodiversidade na região do Corredor Biológico Mesoamericano[2]. Foram criadas novas áreas protegidas e foram fortalecidas as já existentes, assim como houve um aumento na efetividade na conservação da biodiversidade na região. Além disso, o projeto ajudou a promover o uso sustentável dos recursos naturais e o desenvolvimento de práticas agrícolas e turísticas sustentáveis na região (FAO, 1993).

Síntese

Neste capítulo, vimos que o Sela foi criado em 1975, por meio da assinatura do Convênio do Panamá pelos seus membros.

Como descrevemos, o Sela foi a primeira organização regional a incluir quase todos os países da América Latina e uma boa parte do Caribe, objetivando ampliar a coordenação e as parcerias entre as economias da região e órgão institucionais como a FAO e a Organização das Nações Unidas (ONU). Conforme o documento constitutivo do Sela, seu primeiro macrobjetivo consiste em promover a cooperação regional, com o foco na promoção do desenvolvimento integral, autossustentável e independente.

O Sela concentra sua atenção em analisar propostas de negociação e de cooperação multilateral e bilateral, nas áreas de economia, meio ambiente e produção, como destacamos ao longo do capítulo.

---

[2] O Corredor Ecológico Mesoamericano é um grande corredor ecológico na América Central e no sudeste do México, conectando várias unidades de conservação.

Questões para revisão

1. Quais são as principais funções do Conselho Latino-Americano, o órgão supremo do Sistema Econômico Latino-Americano e do Caribe (Sela) e integrado por um representante de cada Estado-membro?

2. Qual é o objetivo específico do Comitê de Ação em Agricultura do Sela?

3. Assinale a alternativa que indica corretamente o objetivo principal do Sela:
   a. Promover a cooperação cultural na região.
   b. Estabelecer um mercado comum entre os países-membros.
   c. Fortalecer os laços econômicos e promover o desenvolvimento sustentável.
   d. Fomentar a competição econômica entre os países latino-americanos e caribenhos.
   e. Fortalecer a influência dos países europeus na região da América Latina.

4. Assinale a alternativa que indica corretamente um dos principais objetivos do Sela:
   a. Estabelecer uma moeda única para os países-membros.
   b. Promover a cooperação econômica e o desenvolvimento sustentável na região.
   c. Fomentar a competição econômica entre os países latino-americanos e caribenhos.
   d. Criar uma união aduaneira entre os países-membros.
   e. Criar barreiras comerciais entre os países da América Latina e do Caribe.

5. Assinale a alternativa que indica corretamente o papel do Sela na economia global:
   a. Buscar a independência econômica dos países-membros.
   b. Promover a integração econômica exclusivamente com países desenvolvidos.
   c. Aumentar a competitividade regional e fortalecer a posição dos países-membros na economia global.
   d. Isolar os países-membros de influências externas na economia.
   e. Ampliar a influência dos Estados Unidos na região.

6. Assinale a alternativa correta sobre os macro-objetivos do Sela:
   a. Promover o desenvolvimento individual dos países-membros.
   b. Zelar pelas políticas públicas de cada país-membro, sem necessariamente convergir para uma integração regional.
   c. Promover o crescimento do produto industrial, sem uma preocupação central com o desenvolvimento social.
   d. Focar o desenvolvimento dos países menos desenvolvidos para garantir um tratamento preferencial.
   e. Promover o desenvolvimento exclusivo dos países desenvolvidos.

7. O Conselho Latino-Americano é o órgão supremo do Sela, integrado por um representante de cada Estado-membro. Assinale a alternativa que indica corretamente sua função principal:
   a. Eleger e destituir o secretário permanente e o secretário permanente adjunto.
   b. Influenciar as políticas nacionais dos países-membros.
   c. Delegar a terceiros a aprovação do orçamento.

d. Aprovar políticas que afetem individualmente os países-membros.

e. Aprovar ações que visem beneficiar individualmente os países-membros.

8. A Secretaria Permanente é o órgão técnico-administrativo do Sela, com sede em Caracas. Assinale a alternativa **incorreta** sobre suas funções:

   a. Propor ao Conselho programas e projetos de interesse comum que possam contribuir para o melhor alcance dos objetivos do Sela.

   b. Promover e desenvolver estudos preliminares de interesse individual do Estado-membro.

   c. Apresentar as demonstrações financeiras do Sela para consideração do Conselho.

   d. Arrecadar as contribuições dos Estados-membros.

   e. Auxiliar a condução de estudos técnicos.

9. Os Comitês de Ação desenvolvem estudos, programas e projetos de interesse comum dos Estados-membros em áreas específicas. Assinale a alternativa correta sobre eles:

   a. O Comitê de Ação em Comércio tem como função desenvolver o turismo como uma atividade econômica importante na região.

   b. O Comitê de Ação em Tecnologia e Inovação deve ampliar o comércio intrarregional, eliminando, quando possível, barreiras comerciais para fortalecer a integração econômica da região.

   c. O Comitê de Ação em Meio Ambiente deve proteger a biodiversidade, gerir recursos naturais, combater as mudanças climáticas e promover a economia verde.

d. O Comitê de Ação em Energia é responsável por melhorar a segurança alimentar e nutricional na região.

e. O Comitê de Ação em Meio Ambiente tem como função desenvolver o turismo como uma atividade econômica importante na região.

Questão para reflexão

1. Com base nos estudos deste capítulo, elabore um texto escrito com suas considerações a respeito da importância do Sela para os países que dele fazem parte. Depois, compartilhe seu texto com seu grupo de estudo.

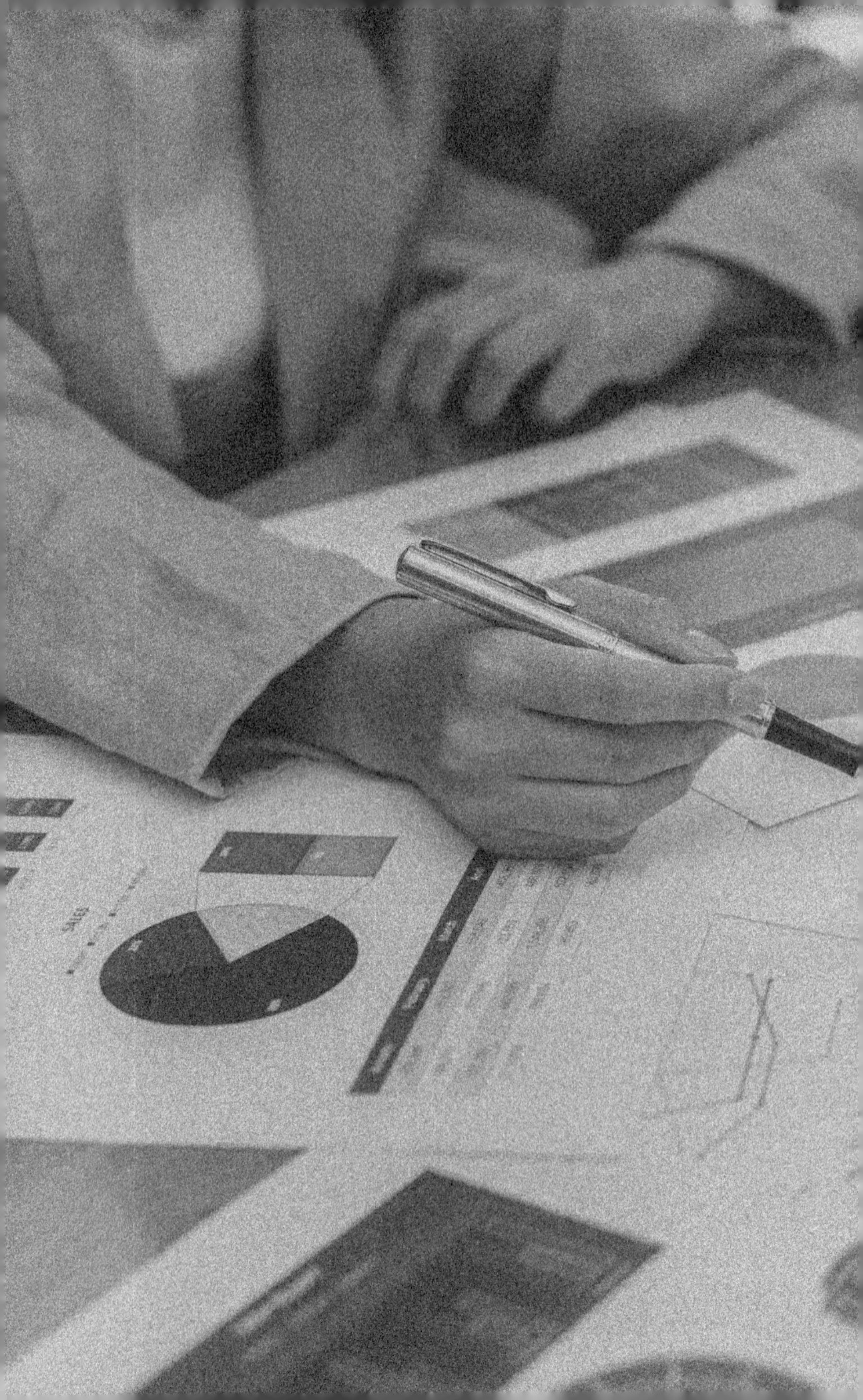

capítulo seis

Organização para a Cooperação e Desenvolvimento Econômico (OCDE)

Conteúdos do capítulo:

- Origem e estrutura da Organização para a Cooperação e Desenvolvimento Econômico (OCDE).
- Objetivos da OCDE.
- Processo de acessão do Brasil à OCDE.

Após o estudo deste capítulo, você será capaz de:

1. descrever a origem e os países-membros da OCDE;
2. entender a estrutura administrativa e operacional da OCDE;
3. compreender as etapas para o processo de acessão à OCDE;
4. analisar o processo atual de acessão do Brasil à OCDE.

6.1 Origem e países-membros da OCDE

A Organização para a Cooperação e Desenvolvimento Econômico (OCDE)[1] teve sua origem em 1948, a partir da Organização para a Cooperação Econômica Europeia (OCEE), criada por 18 países da Europa Ocidental, devastada pela Segunda Guerra Mundial. A OCEE tinha como objetivo dar suporte administrativo ao Plano Marshall para a recuperação e a reconstrução dos países europeus, por meio da cooperação entre os países para o avanço do comércio internacional. A OCEE foi, de fato, uma precursora da OCDE[2].

A OCDE é uma organização econômica intergovernamental fundada em 1961, com sede no Château de la Muette, em Paris, na França. Seu objetivo principal é gerar desenvolvimento e progresso econômico, fomentando o comércio internacional e promovendo políticas que visem ao bem-estar das pessoas. Atualmente, é constituída por 38 países-membros, dois países em adesão, mais cinco países parceiros.

Os países-membros são Alemanha, Austrália, Áustria, Bélgica, Canadá, Chile, Colômbia, Coreia, Costa Rica, Dinamarca, Eslováquia, Eslovênia, Espanha, Estados Unidos, Estônia, Finlândia, França, Grécia, Hungria, Irlanda, Islândia, Israel, Itália, Japão, Letônia, Lituânia, Luxemburgo, México, Noruega, Nova Zelândia, Países Baixos, Polônia, Portugal, Reino Unido, República Checa, Suécia, Suíça e Turquia. São países que apresentam elevado Índice de Desenvolvimento Humano (IDH) e somam um índice de produto interno bruto (PIB) acima de 60% do PIB mundial, ou seja, bastante considerável.

---

1 Em inglês, Organisation for Economic Co-operation and Development (OECD).

2 Assista ao vídeo: FROM THE OEEC to the OECD: 75 Years of Co-operation. **OECD**, 17 abr. 2023. Disponível em: <https://www.youtube.com/watch?v=NUP8cBMnip8&t=2s>. Acesso em: 12 dez. 2023.

Figura 6.1 – Países-membros da OCDE

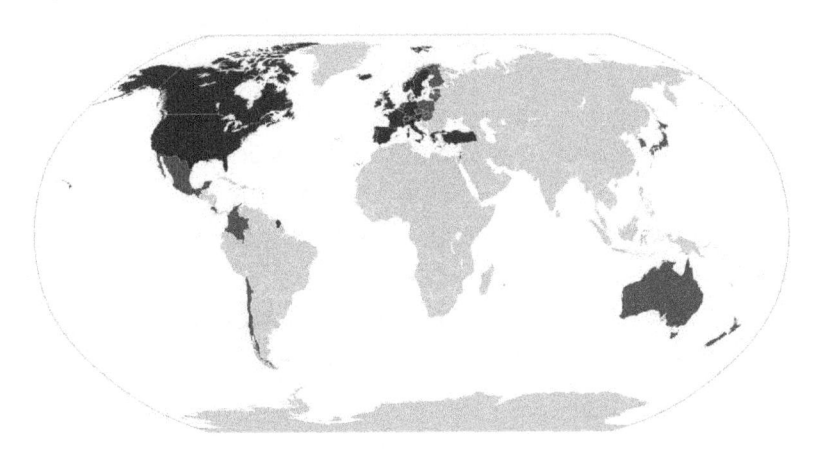

Fonte: Brasil, 2022.

Cordeiro e Campina (2021) afirmam que ser membro da OCDE significa estar inserido em uma aliança de identidades compartilhadas, com foco na democracia liberal, cujo centro são os Estados Unidos e a Europa Ocidental. Seus países-membros reúnem-se para debater estratégias que contribuam para a formulação de políticas públicas voltadas ao desenvolvimento em conjunto. A escolha de novos membros, entretanto, é rigorosa e está relacionada aos movimentos de reformas econômicas recomendadas pela própria OCDE.

Quando foi criada, a organização tinha 20 membros e, em 1964, o Japão foi inserido, seguido por Finlândia (1969), Austrália (1971) e Nova Zelândia (1973). Baumann (2021) destaca que uma segunda onda de adesão de novos membros ocorreu após a queda do muro de Berlim, com a entrada dos países considerados como economias em transição para um regime capitalista, como República Tcheca, Polônia, Hungria e Eslováquia. Em uma terceira leva, ingressaram México (1994) e Coreia do Sul (1996). Em 2007, foram aceitas as candidaturas de Chile, Israel, Eslovênia e Estônia. A Letônia ingressou como membro em 2016, e a Colômbia, em 2020 (Baumann, 2021).

6.2 *Processo de adesão*

No processo de submissão, o corpo diretivo da OCDE deve decidir, segundo Cordeiro e Campina (2021), acerca da adesão de novos membros e determinar os termos e as condições. Após essa aprovação, é emitido um documento intitulado *Accession Roadmap*, o qual contém uma lista de afazeres que o país candidato deve seguir, conforme orientações da OCDE.

Paro e Stanton (2019) indicam, de forma resumida, oito etapas do processo de adesão:

1. Início de negociações por meio de comitê proveniente da OCDE ou pedido de candidatura à OCDE;
2. Documento "Accession Roadmap". A OCDE estabelece os termos para adesão, específicos para cada país;
3. Documento "Memorando Inicial" do país-candidato com seu posicionamento sobre os 250 instrumentos legais da OCDE;
4. Revisões técnicas pela OCDE e encontros com representantes do país-candidato;
5. Decisão final, por unanimidade, pelo Conselho da OCDE;
6. Assinatura do Acordo de Adesão à Convenção da OCDE;
7. Aprovação pelo Congresso Nacional e ratificação do Acordo; e
8. Depósito do Acordo de Adesão (efetivação da filiação junto à OCDE).

6.3 *Estrutura organizacional da OCDE*

Os setores que compõem a estrutura da OCDE são Conselho, Secretariados Técnicos, Agências, Centros de Pesquisa e Desenvolvimento e cerca de 32 Comitês Intergovernamentais especializados em temas diversos da economia internacional e das políticas públicas (comércio, investimentos, finanças, tributação, energia, siderurgia, serviços, economia do trabalho, política ambiental etc.), além de outros grupos, totalizando mais de 300 instâncias e 252 instrumentos legais (Baumann, 2021).

Caldeira (2021) descreve a base da estrutura organizacional da OCDE, a qual apresentaremos, em linhas gerais, a seguir.

O **Conselho**, presidido pelo secretário-geral, é o principal órgão de decisão da OCDE. Composto pelos representantes dos países-membros, as reuniões são regulares para definir a agenda da organização, tomar decisões e fornecer orientação política.

O **Secretariado**, órgão executivo da OCDE, é responsável por implementar as políticas e os programas acordados pelos países-membros. Com 13 diretorias, o Secretariado é liderado pelo secretário-geral, que é nomeado pelos países-membros por um mandato de cinco anos. Atualmente, esse posto é ocupado pelo australiano Mathias Cormann, cujo mandato de cinco anos teve início em 1º de junho de 2021.

Conforme Caldeira (2021), a OCDE emprega mais de três mil funcionários, distribuídos em mais de 300 comitês e grupos de trabalho, que analisam as políticas públicas.

Os **Comitês** e **Grupos de Trabalho** estão distribuídos em áreas temáticas específicas, com suas recomendações, análises e até mesmo diretrizes de políticas aos países do grupo. Os especialistas, nas respectivas áreas temáticas, compõem esses comitês ou grupos de trabalho, presididos por um representante de um país-membro.

O **Centro de Desenvolvimento** é uma área com a finalidade de prover o desenvolvimento sustentável, por meio de organizações internacionais e países parceiros, os quais fornecem análises e recomendações de política econômica e políticas públicas.

O **Centro de Estatísticas**, por sua vez, é um centro de excelência da OCDE que coleta, analisa e dissemina dados e informações sobre economia, sociedade e meio ambiente para ajudar os países membros a tomar decisões informadas e promover o desenvolvimento sustentável.

A organização abriga uma ampla gama de departamentos, centros de excelência e unidades operacionais que trabalham juntos para cumprir sua missão de promover políticas e práticas que visem ao desenvolvimento econômico, social e ambiental sustentável de seus países-membros (Caldeira, 2021).

6.3.1 *Comitês*

A OCDE mantém vários comitês e grupos de trabalho que atuam em diversas áreas temáticas, cobrindo uma ampla variedade de questões econômicas, sociais e ambientais. Alguns dos comitês mais relevantes da OCDE são:

- **Comitê de Política Econômica**: aborda questões como inflação, finanças públicas e crescimento, com foco na análise de políticas econômicas dos países-membros.
- **Comitê de Assuntos Fiscais**: trata das questões fiscais e tributárias, visando ao intercâmbio de informações e experiências e à cooperação entre países.
- **Comitê de Comércio**: discute questões comerciais, com a preocupação de incentivar o livre comércio entre países, resguardando a propriedade intelectual.
- **Comitê de Emprego, Trabalho e Assuntos Sociais**: analisa os temas do mercado de trabalho, como emprego, nível e taxa de desemprego, formação e qualificação profissional, segurança social e proteção social.
- **Comitê de Ciência e Tecnologia**: promove o desenvolvimento da ciência e da tecnologia nos países-membros, examinando questões como inovação, patentes, propriedade intelectual e transferência de tecnologia.

- **Comitê de Meio Ambiente**: analisa questões ambientais, promovendo políticas ambientais sustentáveis e enfocando questões como mudanças climáticas, energia, água e biodiversidade.
- **Comitê de Governança Pública**: examina questões de governança pública, incluindo transparência, participação cidadã, integridade e combate à corrupção.

O Brasil participa em 32 Comitês da OCDE, com *status* de associado, de participante e de convidado, como vemos no Gráfico 6.1. Baumann (2021, p. 36) destaca que "o Brasil é o país não membro da OCDE que participa do maior número de comitês da organização".

Gráfico 6.1 – Participação do Brasil nos Comitês da OCDE

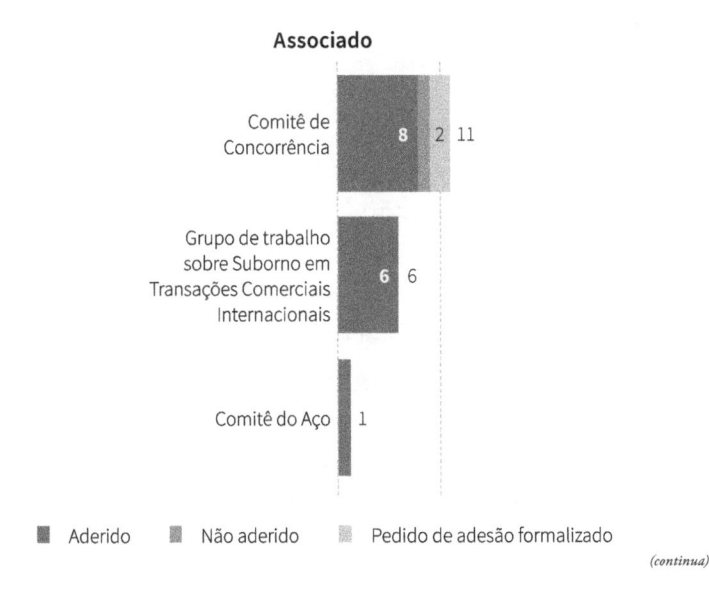

Associado

Comitê	Aderido	Não aderido	Pedido de adesão formalizado
Comitê de Concorrência	8	2	11
Grupo de trabalho sobre Suborno em Transações Comerciais Internacionais	6	6	
Comitê do Aço	1		

(continua)

(Gráfico 6.1 – conclusão)

Participante

Comitê	Aderido	Não aderido	Pedido de adesão formalizado	Total
Comitê de Investimentos	14	7	3	24
Comitê de Políticas de Economia Digital	15	8		23
Comitê de Assuntos Tributários	13	9		22
Comitê de Governança Pública	4	12		16
Comitê de Políticas Científicas e Tecnológicas	8	3		11
Comitê de Agricultura	5	7		7
Comitê de Comércio	3	3		6
Comitê de Políticas do Consumidor	6			6
Comitê de Políticas Educacionais		4		4
Comitê de Governança Corporativa		3		3
Comitê de Estatística e Política Estatística		1		1

■ Aderido   ■ Não aderido   ▨ Pedido de adesão formalizado

Convidado

Comitê	Aderido	Não aderido	Pedido de adesão formalizado	Total
Comitê de Políticas Ambientais	10		34	45
Comitê de Químicos e Biotecnologia	7	12		20
Comitê de Assistência ao Desenvolvimento	8	10		
Comitê de Seguros e Pensões Privadas		7		
Comitê de Mercados Financeiros	5	5		
Comitê de Emprego, Trabalho e Assuntos Sociais		4		
Comitê de Pequenas e Médias Empresas e Empreendedorismo	4	4		
Comitê de Políticas Regulatórias		3		
Grupo de Trabalho sobre Construção Naval		3		
Comitê de Altos Funcionários do Orçamento		2		
Comitê de Políticas de Desenvolvimento Regional		2		
Comitê de Saúde		2		
Comitê de Turismo		2		
Programa de Ação Cooperativa sobre Economia		2		
Comitê de Indústria, Inovação e Empreendedorismo		1		

■ Aderido   ■ Não aderido   ▨ Pedido de adesão formalizado

Fonte: Brasil, 2023b.

6.3.2 Atuação da OCDE na educação

A OCDE concentra-se especialmente na melhoria da qualidade e da eficácia dos sistemas educacionais. Por meio do Programme for International Student Assessment (Pisa), ou Programa Internacional de Avaliação de Estudantes, e de outros estudos e relatórios, a organização coleta dados comparativos e fornece análises detalhadas sobre o desempenho dos alunos, as políticas educacionais e as práticas pedagógicas.

As comparações do desempenho educacional com base no Pisa são um instrumento importante para identificar pontos fortes e fracos na educação de cada país. No relatório de 2018[3] (OECD, 2019), foram apontados os seguintes resultados sobre o Brasil:

- Os alunos no Brasil obtiveram notas abaixo da média da OCDE em leitura, matemática e ciência. Apenas 2% dos alunos tiveram desempenho nos níveis mais altos de proficiência (Nível 5 ou 6) em, pelo menos, uma disciplina (média da OCDE: 16%) e 43% dos alunos pontuaram abaixo do nível mínimo de proficiência (Nível 2) em todas as três disciplinas (média da OCDE: 13%).
- No Brasil, o desempenho médio em matemática melhorou entre 2003 e 2018, mas a melhora ocorreu nos primeiros ciclos do Pisa. Depois de 2009, tanto em matemática como em leitura e ciência, o desempenho médio não mudou significativamente.
- O *status* socioeconômico foi um forte preditor de desempenho em leitura, matemática e ciências no Brasil. Alunos favorecidos superaram alunos desfavorecidos em leitura por 97 pontos (média da OCDE: 89 pontos). No Pisa 2009, a diferença de desempenho em leitura relacionada ao *status* socioeconômico foi de 84 pontos no Brasil (média da OCDE: 87 pontos).

---

3 Os testes do Pisa ocorrem a cada três anos, mas, em razão da pandemia de covid-19, o Pisa 2021 foi adiado para 2022. O relatório desse ano ainda não havia sido publicado na época de produção desta obra.

Tendo em vista esse relatório, é possível concluir que o Brasil tem grandes desafios para melhorar a educação no país e combater as desigualdades socioeconômicas, pois economias mais desiguais tendem a apresentar pior desempenho educacional dos jovens estudantes.

> **Para saber mais**
>
> O relatório completo do Pisa 2018 pode ser encontrado no *site* da OCDE:
>
> OECD – Organisation for Economic Co-operation and Development. **Pisa 2018 Results**. 2019. Disponível em: <https://www.oecd.org/pisa/publications/pisa-2018-results.htm>. Acesso em: 12 dez. 2023.

Com base na identificação de boas práticas educacionais, a OCDE divulga as políticas bem-sucedidas implementadas por países com alto desempenho educacional. A organização compartilha essas informações e fornece recomendações aos países-membros, permitindo que eles adotem abordagens eficazes nas próprias políticas educacionais.

Ingressar na OCDE permitirá aos estudantes e professores brasileiros participar de mais intercâmbios de conhecimento, fóruns, conferências e *workshops* com especialistas em educação.

A OCDE exerce, de fato, uma influência significativa na área da educação dos países-membros, fornecendo avaliações comparativas, identificando boas práticas, analisando políticas e tendências, promovendo a cooperação e o compartilhamento de conhecimentos e impulsionando a melhoria da qualidade e da equidade educacional.

A participação na OCDE possibilita que os países-membros obtenham *insights* valiosos e orientações para fortalecer seu sistema educacional e preparar seus alunos para os desafios do século XXI.

6.4 O Brasil e a OCDE

Em 1978, o Brasil foi formalmente convidado a participar do Comitê do Aço, em função de sua importante indústria siderúrgica. Duran e Steinberg (2021) esclarecem, no entanto, que o Brasil tornou-se um parceiro relevante da OCDE somente na década de 1990.

Em 2017, o país solicitou formalmente sua acessão à organização. O processo de admissão, entretanto, é complexo e longo. O Brasil tem o apoio dos Estados Unidos e deve buscar novos aliados.

No Quadro 6.1, Baumann (2021) descreve a sequência temporal dos principais passos no processo de aproximação com a OCDE até 2017.

Quadro 6.1 – Participação do Brasil na OCDE

Ano	Passos
1978	Convite para participar do Comitê do Aço
1994	Brasil integra os trabalhos do Comitê de Desenvolvimento e começa a participar de outros comitês da OCDE, como membro pleno ou observador
1996	Brasil integra o Comitê do Aço como membro pleno
1997	Brasil assina as quatro decisões (vinculantes) e as cinco recomendações da área de investimentos internacionais e empresas multinacionais
1999	OCDE cria um programa direcionado ao Brasil
2000	Brasil assina a Convenção de Combate à Corrupção de Funcionários Públicos Estrangeiros em Transações Comerciais Internacionais e a revisão das Diretrizes para Empresas Multinacionais e Investimentos Estrangeiros (Diretrizes)
2003	Começa a operar no Brasil a estrutura do Ponto de Contato Nacional (PCN) para a conduta empresarial responsável das empresas multinacionais
2007	OCDE promove o engajamento ampliado com um grupo de grandes economias emergentes – Brasil, China, Índia, África do Sul e Indonésia
2012	OCDE concede *status* de parceiros-chave da organização a um grupo de países, inclusive o Brasil
2015	OCDE assina acordo de cooperação com o Brasil, com um programa de trabalho a ser desenvolvido até 2017
2017	Brasil apresenta pedido formal de acessão à OCDE

Fonte: Baumann, 2021, p. 35.

Em maio de 2007, o Conselho Ministerial da OCDE decidiu ampliar a cooperação com o Brasil, tornando possível sua adesão à organização por meio do programa *enhanced engagement* (engajamento ampliado). O Brasil tornou-se, então, em 2007, um parceiro-chave ativo da organização, tendo a possibilidade de participar dos diferentes órgãos da OCDE.

Além disso, o Brasil pode se integrar aos informes estatísticos e tem sido convidado a participar de todas as reuniões ministeriais da OCDE desde 1999. O país também vem contribuindo com trabalhos dos comitês da OCDE e tem participado em diversos órgãos e projetos importantes da organização.

Em 2022, o Brasil recebeu o convite oficial do Conselho da OCDE para avançar como um país-membro da organização. Nesse mesmo ano, o Brasil encaminhou o memorando inicial.

Mesmo não sendo membro da OCDE, o Brasil tem acesso livre para atuar em diversos comitês. Sua participação está voltada para os órgãos técnicos e a atuação de especialistas brasileiros em seminários e grupos de trabalho. Essas ações visam ampliar a convergência das políticas nacionais às boas práticas internacionais, no que se refere à conduta das empresas multinacionais, aos marcos regulatórios, às políticas de concorrência e ao fomento ao investimento estrangeiro direto.

Duran e Steinberg (2021) argumentam, em seus estudos, que o Brasil deve ampliar sua capacidade de atrair investimentos externos pelo fato de ter aderido ao Código de Liberalização do Movimento de Capitais da OCDE – também chamado Código ou Código da OCDE. Seu objetivo consiste em remover gradativamente barreiras que possam prejudicar as operações financeiras de não residentes no país. O Brasil vem desenvolvendo reformas indicadas pela organização.

O Acordo Marco de Cooperação com a OCDE foi assinado em junho de 2015 e aprofundará o relacionamento com a OCDE, estabelecendo uma base jurídica única para os recursos aportados pelo Brasil, visto que o país participa de várias instâncias da organização.

Em 2017, o Brasil solicitou sua acessão à OCDE, e o convite formal para iniciar o processo veio em janeiro de 2022, tendo sido aceito pelo governo brasileiro. Dos 266 instrumentos legais da organização, o Brasil já aderiu a 117, ou seja, 44% de aderência. Os instrumentos legais abrangem acordos internacionais, decisões, declarações, recomendações e outros.

Figura 6.2 – *Status* **do Brasil na OCDE**

OCD					
10 Acordos Internacionais	24 Decisões	36 Declarações	14 Outros	182 Recomendações	266 total

Brasil					
2 Acordos Internacionais	9 Decisões	22 Declarações	3 Outros	81 Recomendações	117 total

FONTE: Brasil, 2023b.

Outros países que também pretendem ingressar na OCDE têm menos aderência do que o Brasil, como a Romênia, com 67 aderências aos instrumentos legais, a Bulgária, com 56, e a Argentina, com 55, como vemos no Gráfico 6.2.

Gráfico 6.2 – Instrumentos aderidos pelos países candidatos à OCDE

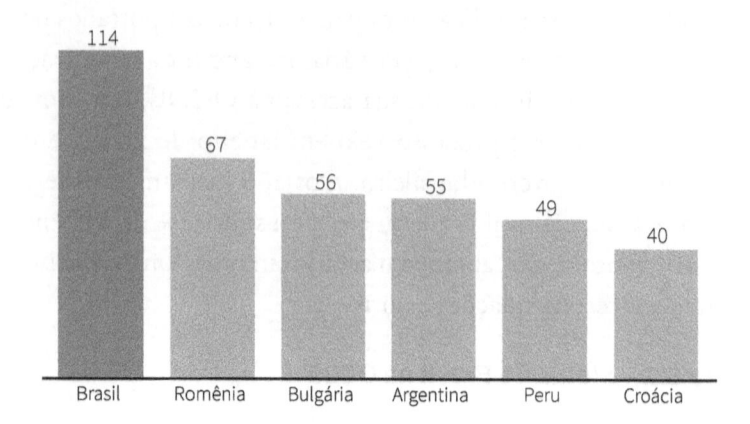

País	Instrumentos
Brasil	114
Romênia	67
Bulgária	56
Argentina	55
Peru	49
Croácia	40

Fonte: Brasil, 2023b.

O número de adesão é menor para os países que são parceiros-chave da OCDE. No Gráfico 6.3, vemos que a África do Sul, por exemplo, aderiu a 24 instrumentos legais, a Indonésia a 15, a Índia a 14 e a China a apenas 10.

Gráfico 6.3 – Instrumentos aderidos pelos países parceiros-chave da OCDE

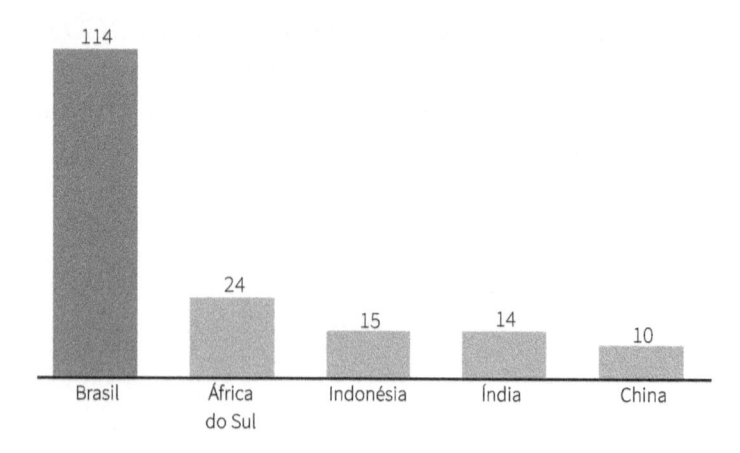

País	Instrumentos
Brasil	114
África do Sul	24
Indonésia	15
Índia	14
China	10

Fonte: Brasil, 2023b.

> **Para saber mais**
>
> Para saber mais sobre os instrumentos legais da OCDE que foram aderidos ou estão em fase de adesão no Brasil, consulte:
>
> BRASIL. Casa Civil. **Painel Brasil na OCDE**. 8 nov. 2023. Disponível em: <https://www.gov.br/casacivil/pt-br/assuntos/ocde/processo-de-acessao-brasil-ocde/painel-brasil-na-ocde>. Acesso em: 12 dez. 2023.

O início do processo ocorreu a partir do envio de um ofício à organização com a solicitação para tornar-se um membro pleno da OCDE. Após o aceite da candidatura, foi emitido o documento *Accession Roadmap*. O Brasil, na sequência, enviou um Memorando Inicial destacando seu compromisso em adequar-se aos instrumentos legais da organização. Os Comitês Técnicos devem analisar o Memorando Inicial, organizar as "missões técnicas", agendar visitas técnicas, coletar informações relevantes e verificar os alinhamentos das ações do país com as políticas adotadas pela OCDE (Caldeira, 2021).

A partir dessa etapa, um relatório formal é elaborado e apresentado ao Conselho de Ministros. Caldeira (2021) explica que o aceite para a entrada do país candidato é obtido pela aprovação de todos os países-membros do Conselho Ministerial e que esse processo pode durar anos. O país candidato precisa se adequar aos padrões e às práticas da organização e passar por um rigoroso processo de revisão e de negociação. A OCDE também pode solicitar ao país candidato que implemente reformas específicas para cumprir os requisitos de adesão.

Esse reconhecimento ocorreu no momento em que o país se destaca por ser o não membro participante com o maior número de instâncias e projetos da OCDE e pelo fato de já ter aderido ao maior número de instrumentos legais da organização, sendo que o país já confirmou sua adesão aos Códigos de Liberalização do Movimento de Capitais e de Operações Correntes Intangíveis.

Para progredir em sua adesão à OCDE, o Brasil deve continuar implementando reformas estruturais do Estado brasileiro, entre as quais estão a Reforma Tributária e a adoção do Imposto sobre Valor Agregado (IVA). Em paralelo, o país deve ampliar as ações que visem melhorar a governança, reduzir a corrupção e ampliar os mecanismos de transparência e aprimoramento da saúde, da educação e do meio ambiente, pilares para o desenvolvimento sustentável.

Em 25 de janeiro de 2022, o Conselho da OCDE decidiu abrir discussões de acessão com o Brasil, em razão do progresso obtido pelo país desde o primeiro pedido de adesão à OCDE. Seu Quadro de Considerações dos Membros Potenciais destaca o progresso feito pelo Brasil.

Em 10 de junho de 2022, os 38 membros da OCDE adotaram o Roteiro para a Adesão do Brasil à Convenção da OCDE, estabelecendo o processo para sua acessão, com a definição dos termos e das condições essenciais. Isso só foi possível porque o Brasil aderiu aos valores, à visão e às prioridades estipuladas na Declaração de Visão dos 60 Anos da OCDE e na Declaração do Conselho Ministerial de 2021.

Com a acessão do Brasil à OCDE, o país terá mais capacidade de promover e implementar políticas públicas, inseridas em um ambiente internacional desenvolvido, beneficiando-se com transferência de tecnologia, ganhos de eficiência e competitividade industrial e maior dinamismo em sua inserção na economia mundial.

Consultando a legislação

Para acompanhar o processo de acesso do Brasil à OCDE, o Decreto n. 9.920, de 18 julho de 2019, instituiu o Conselho para a Preparação e o Acompanhamento do Processo de Acessão da República Federativa do Brasil à OCDE, abreviado como Conselho Brasil-OCDE (Brasil, 2019). Esse Conselho era composto pelos seguintes ministros de Estado: chefe da Casa Civil da Presidência da República, que o coordenava,

> ministro das Relações Exteriores, ministro da Economia (Fazenda), chefe da Secretaria-Geral da Presidência da República e chefe da Secretaria de Governo da Presidência da República.
> Esse decreto foi revogado pelo Decreto n. 11.671, de 30 de agosto de 2023, que instituiu um Grupo de Trabalho Interministerial (Brasil, 2023a). A coordenação do Grupo de Trabalho está sob a responsabilidade do Ministério das Relações Exteriores, e os órgãos que passam a fazer parte do GT são: Ministério da Agricultura e Pecuária; Ministério da Ciência, Tecnologia e Inovação; Ministério do Desenvolvimento Agrário e Agricultura Familiar; Ministério do Desenvolvimento e Assistência Social, Família e Combate à Fome; Ministério do Desenvolvimento, Indústria, Comércio e Serviços; Ministério da Educação; Ministério da Fazenda; Ministério da Gestão e da Inovação em Serviços Públicos; Ministério do Meio Ambiente e Mudança do Clima; Ministério de Minas e Energia; Ministério do Planejamento e Orçamento; Ministério da Saúde; Ministério do Trabalho e Emprego; e Secretaria-Geral da Presidência da República.
> O grupo prestará assessoria técnica e, entre suas responsabilidades, cabe oferecer subsídios para a elaboração de políticas relativas ao relacionamento com a OCDE e também examinar a compatibilidade dos instrumentos da OCDE com a legislação brasileira.

O Brasil tem apoio dos Estados Unidos em seu processo de acessão, o qual, segundo Cordeiro e Campina (2021), está expresso no *site* oficial do Departamento de Estado do governo americano com a argumentação de que a entrada do Brasil na organização será considerada um grande avanço em termos econômicos e sociais para o país.

Cordeiro e Campina (2021) afirmam que a entrada do Brasil na OCDE poderá gerar uma maior integração regional e global de nossa economia, por meio de uma exposição mais intensa no comércio internacional. Com efeito, o avanço na produtividade tornaria nossa economia mais diversificada e eficiente, com condições de emprego melhores. De acordo com Cordeiro e Campina (2021, p. 11), "a adesão do Brasil gera cadeias globais e tem como vantagem competitiva para o futuro, o fluxo de comércio, investimento, pesquisa e desenvolvimento".

Baumann (2021) enfatiza que pertencer aos quadros da OCDE concede aos países-membros alguns benefícios importantes. O primeiro é a maior capacidade em captar recursos a custos mais reduzidos. O sistema financeiro internacional passa a considerar o país-membro como uma economia mais aderente às boas práticas internacionais. O país também passa a absorver maior volume de investimentos. O segundo benefício está relacionado ao fato de que a OCDE é uma geradora de informações e conhecimentos; portanto, fazer parte desse ambiente ajuda o país-membro a ampliar suas políticas públicas com apoio técnico e financeiro.

Conforme Baumann (2021), os países que passaram a ser membros plenos da OCDE tornaram suas economias mais abertas ao comércio exterior, atraíram mais investimentos externos diretos e aceleraram o crescimento do produto.

Além disso, como a OCDE é uma instituição geradora de frequentes recomendações de política e conta com uma capacidade de análise reconhecida, com acesso a informações de diversos países, os membros podem se beneficiar desse acervo e do apoio técnico, assim como têm a possibilidade de tentar influenciar essas próprias recomendações em sua origem. Trata-se de uma possibilidade importante, em particular para economias em desenvolvimento, que podem contribuir com enfoques de análise normalmente não considerados pelos técnicos de países industrializados.

Síntese

Como examinamos neste capítulo, a OCDE é uma organização econômica intergovernamental cujo objetivo principal é gerar desenvolvimento e progresso econômico, fomentando o comércio internacional e promovendo políticas que visem ao bem-estar das pessoas.

Vimos que os países-membros reúnem-se para debater estratégias que contribuam para a formulação de políticas públicas voltadas ao desenvolvimento em conjunto. A escolha de novos membros, entretanto, é rigorosa e está relacionada aos movimentos de reformas econômicas recomendadas pela própria OCDE. Em 2017, o Brasil solicitou formalmente sua acessão à organização. Em 2022, o Brasil recebeu o convite oficial do Conselho da OCDE para avançar como um país-membro da organização. Nesse mesmo ano, o Brasil encaminhou o Memorando Inicial.

Questões para revisão

1. Explique a origem da Organização para a Cooperação e Desenvolvimento Econômico (OCDE).

2. O Brasil participa de quantos comitês da OCDE e com quais *status*?

3. Assinale a alternativa que indica qual é o objetivo principal da OCDE:
   a. Promover a cooperação econômica entre os países-membros.
   b. Definir políticas fiscais para os países-membros.
   c. Fornecer assistência financeira aos países em desenvolvimento.
   d. Estabelecer acordos comerciais entre os países-membros.
   e. Definir a política monetária entre os países-membros.

4. Assinale a alternativa que indica um país que **não** é membro da OCDE:

   a. Estados Unidos.
   b. Alemanha.
   c. Brasil.
   d. Japão.
   e. Letônia.

5. Assinale a alternativa que indica o principal objetivo das diretrizes da OCDE para empresas multinacionais:

   a. Combater a evasão fiscal entre as empresas multinacionais.
   b. Estabelecer diretrizes para a governança corporativa.
   c. Promover a responsabilidade social corporativa.
   d. Facilitar a cooperação em acordos comerciais bilaterais.
   e. Dificultar seu avanço em países não membros.

6. Assinale a alternativa correta com relação ao Comitê de Comércio da OCDE:

   a. Analisa o funcionamento do mercado de trabalho, como emprego, nível e taxa de desemprego, formação e qualificação profissional.
   b. Incentiva o livre comércio entre países, resguardando a propriedade intelectual.
   c. Concentra-se nas questões que envolvem inovações, patentes, propriedade intelectual e transferência de tecnologia.
   d. Concentra-se nas questões de governança pública, em especial no combate à corrupção.
   e. Concentra-se nas questões ambientais e de direitos humanos.

7. Assinale a alternativa **incorreta** sobre o processo de acessão à OCDE:
   a. Recebimento de um convite oficial do Conselho da OCDE.
   b. Publicação pela OCDE do Roteiro para Acessão (*Accession Roadmap*), que define os comitês da organização que vão analisar tecnicamente a legislação, as políticas e as práticas do país candidato.
   c. Encaminhamento do Memorando Inicial (*Initial Memorandum*) pelo país candidato.
   d. Apresentação do Relatório Informal da OCDE sobre a avaliação do país candidato.
   e. Apresentação do Relatório Formal da OCDE sobre a avaliação do país candidato.

Questões para reflexão

1. Quais são as principais vantagens da acessão do Brasil à OCDE. Justifique sua resposta em um texto escrito e compartilhe sua opinião com seu grupo de estudo.

2. O Brasil tem expressado interesse em tornar-se um membro pleno da OCDE desde 2017. Esse processo de adesão envolve várias etapas e desafios que o país precisa enfrentar para se adequar aos padrões e às práticas da organização. Descreva como está o andamento (fase) do processo de acessão do Brasil à OCDE.

-64.24   -50.89

capítulo sete

Política monetária e a crise do endividamento internacional

Conteúdos do capítulo:

- Instrumentos internacionais de política monetária.
- Crise imobiliária dos Estados Unidos de 2007 a 2009.
- Sistema financeiro e monetário dos EUA.
- Efeitos da crise de 2008 nos EUA.

Após o estudo deste capítulo, você será capaz de:

1. explicar os instrumentos de política monetária;
2. descrever a crise financeira internacional;
3. compreender a restrição de liquidez a as instituições financeiras durante a crise.

7.1 Política monetária

O objetivo dos bancos centrais é controlar a oferta de moeda e, com isso, determinar a taxa de juros básica de sua economia.

No Brasil, a taxa referencial do Sistema Especial de Liquidação e de Custódia (Selic) é a taxa de juros de referência, a qual, nos Estados Unidos, equivale à taxa chamada *Fed Fund Rate*. Ambas representam a liquidez bancária das respectivas economias. Quando os juros básicos estão elevados, há pouca oferta de moeda (liquidez) e a economia tende a se contrair. No sentido oposto, quando os juros básicos estão baixos, a liquidez, por conseguinte, está elevada e a economia tende a se expandir.

E por que os bancos centrais precisam mexer nos juros?

A resposta está nos objetivos das autoridades monetárias. Em períodos de forte inflação, por exemplo, os bancos centrais são forçados a reduzir a oferta de moeda (liquidez) para esfriar a economia. Em situações de crises financeiras ou bancárias, as autoridades monetárias buscam expandir a liquidez via operações de assistência financeira de liquidez (redesconto). Nesse sentido, podemos afirmar que os principais objetivos dos bancos centrais consistem em:

- **Manter estável o poder de compra da moeda**: controle do processo inflacionário. Muitas economias adotam um regime de metas de inflação para institucionalizar esse objetivo de política monetária; com isso, o banco central determina a liquidez da economia com base na inflação observada e esperada.
- **Manter o pleno emprego**: busca-se manter a economia crescendo em seu nível de pleno emprego, sem grandes oscilações em seus produtos, renda e emprego. Quando a economia está crescendo no nível de pleno emprego, os mercados, em especial o do trabalho, estão equilibrados.

- **Manter a solvência do sistema financeiro**: um dos objetivos centrais dos bancos centrais é manter o sistema financeiro nacional e internacional líquido (solvente) e funcionando, por meio de suas operações de empréstimos. Assim, os bancos centrais podem fazer empréstimos especiais de assistência financeira de liquidez, as quais são chamadas também de *operações de redesconto*.

O principal instrumento internacional de controle da oferta de moeda são as operações de *open market* (mercado aberto), efetuadas pelos bancos centrais. A liquidez da economia, entretanto, pode ser alterada quando o banco central intervém no mercado de câmbio ou faz operações de redesconto bancário. A seguir, detalhamos essas três operações.

a. **Operações de mercado aberto (*open market*)**

São operações de compra e venda de títulos públicos por parte do banco central no mercado financeiro. Nesse caso, há duas formas de afetar a oferta de moeda e, consequentemente, a taxa de juros.

- Se o banco central compra títulos públicos no mercado, então a oferta monetária (liquidez) sofre uma expansão e a taxa de juros tende a cair. É uma política monetária expansionista.

Figura 7.1 – Política monetária contracionista (títulos públicos)

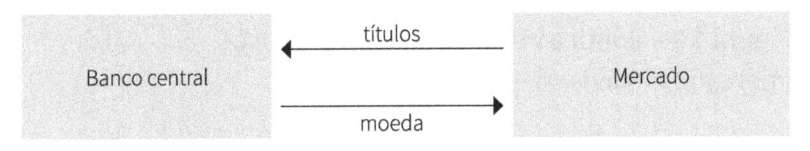

Banco central	←—— títulos ———	Mercado
	——— moeda ——→	

- Se o banco central vende títulos públicos ao mercado, então a oferta monetária (liquidez) sofre uma diminuição e a taxa de juros tende a subir. É uma política monetária contracionista.

Figura 7.2 – Política monetária expansionista (títulos públicos)

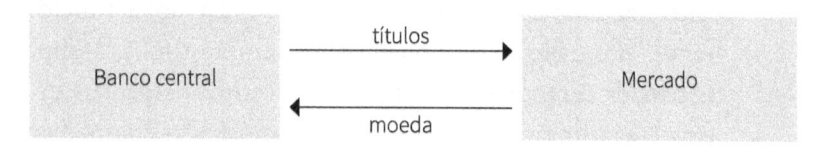

```
                    títulos →
Banco central                      Mercado
                    ← moeda
```

> **Para saber mais**
>
> Para saber mais sobre mercado aberto, assista a este vídeo do Banco Central do Brasil:
>
> BANCO CENTRAL DO BRASIL. **LiveBC #21 – Política monetária na prática**: saiba como o BC atua no mercado aberto. 23 out. 2023. Disponível em: < https://www.youtube.com/watch?v=L7IQ2CQUXIA>. Acesso em: 12 dez. 2023.

b. **Operações no mercado de câmbio (divisas)**

Nesse caso, o banco central vai comprar ou vender moeda estrangeira, isto é, dólar, e alterar a oferta de moeda. Em regime de câmbio fixo, é essencial a autoridade monetária atuar no mercado de divisas.

- Se o banco central compra dólares no mercado (aumentando suas reservas internacionais), então a oferta monetária (liquidez) sofre uma expansão e a taxa de juros tende a cair. É uma política monetária expansionista.

Figura 7.3 – Política monetária contracionista (mercado de divisas)

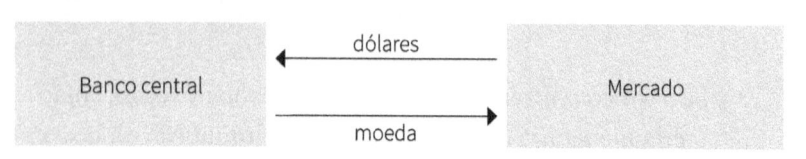

```
                    ← dólares
Banco central                      Mercado
                    moeda →
```

- Se o banco central vende dólares ao mercado (reduzindo suas reservas internacionais) para conter uma fuga de capitais, então a oferta monetária (liquidez) sofre uma diminuição e a taxa de juros tende a subir. É uma política monetária contracionista. Desse modo, em períodos de saída significativa de capitais, existe uma tendência de a taxa de juros subir, jogando a economia em um processo recessivo.

Figura 7.4 – Política monetária expansionista (mercado de divisas)

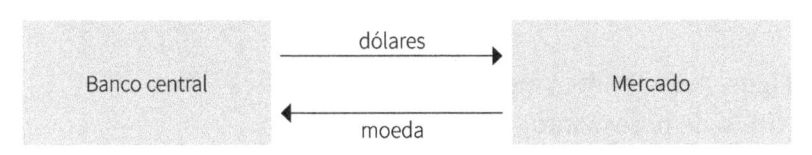

Banco central	→ dólares →	Mercado
	← moeda ←	

c. **Operações de redesconto ou assistência financeira de liquidez**

Nesse caso, o banco central vai emprestar dinheiro ao sistema financeiro, em especial aos bancos comerciais. Ressaltamos que esses bancos comerciais estão necessitando de dinheiro e, por isso, emitem um título privado especial, conhecido como *redesconto*, que é lançado no passivo dos bancos comerciais. O banco central poderá emitir moeda para financiar a compra desses títulos e, com isso, ajudar na solvência do sistema financeiro internacional.

- Se o banco central faz uma operação de redesconto aos bancos comerciais, então a oferta monetária (liquidez) sofre uma expansão e a taxa de juros tende a cair. É uma política monetária expansionista.

Figura 7.5 – Política monetária contracionista (título de redesconto)

| Banco central | ←── título de redesconto ── Mercado |
| | ── moeda ──→ |

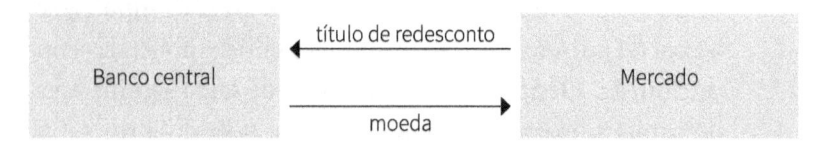

- Se os bancos comerciais resgatam um título de redesconto, então a oferta monetária (liquidez) sofre uma diminuição e a taxa de juros tende a subir. É uma política monetária contracionista.

Figura 7.6 – Política monetária expansionista (título de redesconto)

| Banco central | ── título de redesconto ──→ Mercado |
| | ←── moeda ── |

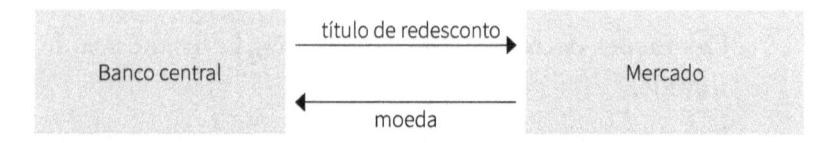

Em geral, quando o ativo do banco central aumenta (diminui), então a base monetária (oferta de moeda) também aumenta (diminui), expandindo (reduzindo) a oferta monetária (meios de pagamento) da economia.

Ressaltamos que esses movimentos de liquidez devem estar alinhados com os objetivos da autoridade monetária. Assim, dependendo da conjuntura econômica, o banco central deverá implementar uma política monetária expansionista ou contracionista.

A seguir, abordaremos a crise imobiliária dos Estados Unidos vivenciada, principalmente, nos anos de 2007 a 2009.

7.2 A crise imobiliária dos Estados Unidos: 2007-2009[1]

De acordo com Cintra e Freitas (2008), a desregulamentação do mercado financeiro norte-americano nos anos 1980 viabilizou a utilização de vários instrumentos financeiros de alto risco para alavancar o crescimento do sistema bancário, rompendo, com isso, atos importantes de controle e limitação de atuação dos bancos. Com efeito, o sistema financeiro norte-americano passou a utilizar os imóveis como instrumentos de garantia para empréstimos de alto risco.

Era considerada uma operação segura porque os imóveis, historicamente, não perdiam valor. Segundo Dezordi (2010), entre os anos de 2000 e 2005, os imóveis sofreram uma valorização de, aproximadamente, 120%, um aumento muito mais expressivo do que a taxa de juros do Federal Reserve Bank (FED), por exemplo. Dezordi (2010) destaca também que a dinâmica dos bancos de investimentos assemelhou-se, em grande medida, à de pequenos bancos comerciais, expondo seus ativos e empréstimos ao risco, apenas tendo como garantia um imóvel. Ademais, essas operações não contavam com a regulamentação e a supervisão de seu banco central. Caso os preços dos imóveis sofressem uma deflação, a operação ficaria insustentável.

De fato, a partir do segundo semestre de 2007, com a queda dos preços dos imóveis, a economia norte-americana reverteu seu ciclo de negócio, passando a registrar um período de recessão e de aumento da inadimplência. Iniciou-se um movimento recessivo de queda na renda, aumento da inadimplência, redução no preço dos imóveis e crise no mercado de crédito internacional.

---

1 As Seções 7.2 a 7.4 foram extraídas da tese do autor desta obra (Dezordi, 2010).

> **Preste atenção!**
>
> A crise norte-americana de crédito, que teve início nos empréstimos imobiliários *subprime* (hipotecas de maior risco ou de segunda linha), espalhou-se pelas economias desenvolvidas e emergentes, gerando ondas de recessão e deflação nos EUA e em vários países desenvolvidos. A crise trouxe, também, o medo do elevado desemprego e a possibilidade de se conviver com uma depressão.

Ashcraft e Schuermann (2008) descrevem o surgimento de vários problemas na concessão de empréstimos hipotecários nos EUA. Por exemplo, a instituição financeira da qual se originam os empréstimos tem uma informação privilegiada da qualidade do tomador de empréstimo em relação ao coordenador da securitização lastreada nos empréstimos hipotecários. O coordenador tem uma informação mais detalhada dos empréstimos imobiliários, pois é o responsável por criar o fundo com o *pool* dos empréstimos e conduz o *due diligence*[2]. Com isso, empréstimos de alto risco podem ser apresentados como seguros para outros investidores. Os autores concluem que as agências de classificação de crédito poderiam minimizar grande parte das assimetrias de informação caso elas fossem independentes (Ashcraft; Schuermann, 2008).

Como destacam Tong e Wei (2008), a crise do *subprime* espalhou-se para a atividade real, pois a restrição de liquidez reduziu a capacidade de consumo das famílias, e a falta de confiança no sistema financeiro levou à redução do investimento produtivo.

---

2 O procedimento de *due diligence* (diligência) é acompanhado por um estudo detalhado e aprofundado dos eventuais riscos oferecidos pelo relacionamento com pessoas ou empresas.

Nesse contexto, conforme Dezordi (2010), políticas econômicas que venham a aumentar a demanda por residências, como a implementação de uma taxa de rebate para os proprietários das casas, e a ampliação da liquidez das firmas não financeiras são indispensáveis para a recuperação da crise imobiliária dos *subprimes*.

Descreveremos, a seguir, como a restrição de liquidez afetou, inicialmente, o mercado hipotecário e, posteriormente, outros mercados financeiros.

7.3 *A restrição de liquidez e as instituições financeiras no período de 2007 a 2009*

Em fevereiro de 2007, com a queda nos preços dos imóveis no mercado norte-americano, vários bancos de investimentos começaram a apresentar problemas de liquidez em alguns de seus fundos. Por exemplo, dois fundos internacionais do banco Bear Stearns apresentaram problemas de resgate. O maior banco de investimentos na França e na zona do euro, o BNP Paribas Investment Partners, suspendeu temporariamente, em agosto de 2007, em decorrência da forte queda de liquidez no mercado de securitização norte-americano, o cálculo do valor do ativo líquido de três fundos. Um mês depois, foi a vez de a quinta maior instituição de financiamento hipotecário no Reino Unido, a Northern Rock, receber suporte de liquidez do Bank of England (BoE).

Dezordi (2010) destaca que a falta de liquidez nos principais fundos internacionais e no mercado interbancário fez com que o FED atuasse de maneira ativa. Em dezembro de 2007, preocupado com a solvência internacional desses mercados secundários, o FED lançou o Term Auction Facility (TAF) e a troca de moeda estrangeira (*swap*) com o European Central Bank (ECB) e o Swiss National Bank (SNB).

O programa TAF possibilitou que o FED leiloasse empréstimos aos fundos, conforme avaliações feitas pelos respectivos bancos centrais locais, oferecendo diversos títulos como garantias. Os recursos leiloados passaram o valor de US$ 40 bilhões. O banco central norte-americano autorizou temporariamente a troca recíproca de moeda (linhas de *swap*) com o ECB e o SNB, no valor de US$ 20 bilhões e US$ 4 bilhões, respectivamente.

Para saber mais

Para mais explicações sobre *swap* cambial, assista ao seguinte vídeo, que tem uma abordagem didática:

VALOR ECONÔMICO. **Entenda como funciona o Swap cambial**. 25 jan. 2017. Disponível em: <https://www.youtube.com/watch?v=H_XYgAF7Xmo>. Acesso em: 12 dez. 2023.

O problema de liquidez afetou o Reino Unido. Sob coordenação do Banco da Inglaterra (banco central do país), o governo do Reino Unido tornou-se temporariamente, em fevereiro de 2008, dono da Northern Rock, um dos grandes bancos comerciais do país. Com o objetivo de manter a estabilidade financeira, o governo injetou capital na instituição e garantiu os depósitos dos clientes.

Nos Estados Unidos, o FED (banco central do país) precisou ampliar suas operações de empréstimos e assistência financeira de liquidez. Como já explicamos, quando o banco central faz uma operação de empréstimos, a oferta de moeda aumenta, assim como a liquidez da economia.

Em março de 2008, o FED abriu uma linha de empréstimo especial para a transação de US$ 30 bilhões, a fim de compensar a deterioração significativa da liquidez de alguns ativos para o banco Bear Stearns. Em julho de 2008, o FED efetuou operações de empréstimos para auxiliar empresas ligadas ao financiamento imobiliário nos EUA. Os empréstimos foram ofertados na categoria de crédito primário e lastreados em títulos do governo norte-americano ou agências federais e foram fundamentais para a sustentabilidade do mercado imobiliário.

Entretanto, em 15 de setembro de 2008, o quarto maior banco de investimentos, Lehman Brothers Holding, entrou com pedido de concordata e proteção de falência, pelo Capítulo 11 da Lei de Falências dos Estados Unidos, depois de perder mais de US$ 6,7 bilhões nos últimos cinco meses. Os eventos que sucederam a falência do Lehman Brothers foram devastadores.

Em 16 de setembro, a diretoria do Federal Reserve autorizou o FED de Nova Iorque a emprestar mais de US$ 85 bilhões para a maior seguradora do país, a American International Group (AIG), deixando claro em seu comunicado que a quebra da seguradora iria ampliar significativamente o nível de fragilidade no mercado financeiro. De acordo com o FED, o empréstimo seria fundamental para proporcionar à AIG condições financeiras necessárias para honrar seus compromissos.

A crise financeira norte-americana se alastrou nos mercados financeiros globais, afetando diretamente a liquidez internacional. A maior demanda por dólar norte-americano nos fundos de curto prazo, em períodos de incerteza, gerou a necessidade de maior atuação coordenada do FED com os principais bancos centrais.

Consultando a legislação

> O Capítulo 11 (*Chapter 11*) é uma seção do Código de Falências dos Estados Unidos que permite a uma empresa com dificuldades financeiras continuar funcionando normalmente, o que possibilita a aprovação de um acordo entre a instituição financeira e seus credores. A proteção do Capítulo 11 pode ser requerida tanto pela empresa em dificuldades quanto por um de seus credores. Esse procedimento significa uma vontade de reestruturação da companhia, sob o controle de um tribunal.
>
> UNITED STATES COURTS. **Chapter 11**: Bankruptcy Basics. Disponível em: https://www.uscourts.gov/services-forms/bankruptcy/bankruptcy-basics/chapter-11-bankruptcy-basics. Acesso em: 12 dez. 2023.

Paralelamente, o Banco Central dos EUA expandiu, de forma significativa, suas linhas de empréstimos (*swap*) para diversos bancos centrais da Europa, da América Latina e da Ásia. Com isso, a autoridade monetária pretendia evitar um colapso do sistema financeiro internacional. Por exemplo, 15 dias depois da quebra do Lehman Brothers, os empréstimos internacionais do FED somavam mais de US$ 650 bilhões.

Em uma ação coordenada, o Fundo Monetário Internacional (FMI) criou um pacote de liquidez de curto prazo (*short-term liquidity facility*), desenhado para ajudar os países-membros a enfrentar as dificuldades de liquidez temporária do mercado de capitais mundial. Seu presidente, Strauss-Kahn, declarou o compromisso do FMI em promover ações macroeconômicas coordenadas e cooperativas para lidar com a severa crise financeira, argumentando, em linhas gerais, que períodos excepcionais exigem respostas excepcionais para restabelecer a confiança e manter a estabilidade financeira mundial.

Com o objetivo de adquirir ativos com problemas de liquidez e inadimplência, o Departamento do Tesouro norte-americano, em setembro de 2008, submeteu ao Congresso dos EUA uma proposta de legislação para adquirir ativos com problemas de liquidez e inadimplência. Conforme Dezordi (2010), o programa, conhecido como *Troubled Asset Relief Program* (Tarp), teve como objetivo principal adquirir das instituições financeiras ativos com problemas, com a finalidade de promover a estabilidade dos mercados, fundamental para a recuperação da economia dos Estados Unidos.

A ideia central do Tarp consistiu em autorizar o Tesouro a emitir mais de US$ 700 bilhões de títulos para financiar a compra desses ativos problemáticos, basicamente papéis de hipotecas residenciais e comerciais, as quais estavam sendo utilizadas para lastrear títulos securitizados e várias operações de empréstimos. O secretário do Tesouro, em conjunto com o presidente do FED, teve a liberdade para adquirir, se fosse o caso, outros ativos que considerassem problemáticos.

Quando o banco central compra ativos do mercado, a oferta de moeda aumenta, como vimos no início deste capítulo. Essa injeção de liquidez ajuda a estabilizar o sistema financeiro bancário. Por exemplo, em 14 de outubro de 2008, a diretoria do FED aprovou as operações de fornecer liquidez aos *commercial papers* emitidos nos Estados Unidos, com o objetivo de ampliar a liquidez de curto prazo aos mercados de fundo e, assim, possibilitar o aumento do crédito para empresas e donos de residências.

Segundo Dezordi (2010), o programa Tarp começou a ser implementado com mais intensidade em novembro de 2008, buscando a capitalização das instituições financeiras e de empresas estratégicas. O Tesouro injetou US$ 20 bilhões na instituição pelo pacote do Tarp. O Departamento do Tesouro autorizou empréstimos acima de US$ 13,4 bilhões para a General Motors e US$ 4,0 bilhões para a Chrysler, pelo programa Tarp.

Adicionalmente, o Tesouro anunciou a compra de US$ 5 bilhões em ações do Banco GMAC (General Motors) como parte do programa de assistência à indústria automobilística doméstica, de modo a evitar o colapso do setor automobilístico.

> **Para saber mais**
>
> Para aprofundar seus conhecimentos sobre crises financeiras, sugerimos a leitura da seguinte pesquisa:
>
> DEZORDI, L. **A condução das políticas econômicas em um ambiente de fragilidade financeira**: uma abordagem pós-keynesiana. 122 f. Tese (Doutorado em Desenvolvimento Econômico) – Universidade Federal do Paraná, Curitiba, 2010. Disponível em: <https://acervodigital.ufpr.br/xmlui/bitstream/handle/1884/24087/Tese_Versao%20da%20Defesa_2010.pdf?sequence=1&isAllowed=y>. Acesso em: 12 dez. 2023.

7.4 *A condução das políticas econômicas durante a crise imobiliária dos Estados Unidos*

Com tantas incertezas, como o Banco Central dos EUA conduziu sua política monetária?

Com o intuito de amenizar a crise financeira, a política monetária, no período da recessão, foi conduzida de maneira extremamente expansionista. A taxa de juros reais, que estava em torno de 2,50% ao ano em 2007, caiu rapidamente para −1,50% e −3,20% ao ano no primeiro e segundo semestre de 2008, respectivamente.

Durante o ano de 2009, os juros reais permaneceram baixos e, apenas nos meses de junho a agosto, com a taxa de deflação anualizada de 1,50% a 2,00%, é que os juros reais permaneceram acima de 1,60% ao ano. Como destacado na seção anterior, o FED, por meio do Federal Open Market Committee (Fomc), expandiu significativamente a base monetária, em uma clara operação de estabilização do sistema financeiro.

Gráfico 7.1 – Condução da política monetária e desempenho da inflação na economia dos EUA: janeiro de 2007 a dezembro de 2009

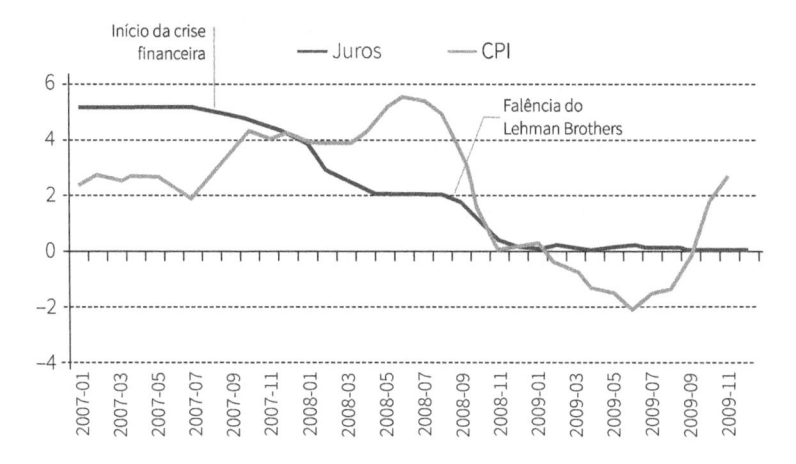

Nota: CPI (Consumer Price Index) para todos os consumidores e itens urbanos, sem ajuste sazonal.
Fontes: Elaborado com base em FED, 2023b; BLS, 2023.

As reservas bancárias cresceram exponencialmente após a falência do Lehman, como vemos pelo Gráfico 7.2. De dezembro de 2007 a 10 de setembro de 2008, as reservas bancárias totais passaram de US$ 11 bilhões para US$ 32 bilhões. Em 31 de dezembro de 2008, com as ações do FED, as reservas subiram para US$ 860 bilhões. Com isso, o forte estresse observado no mercado bancário em 2008 foi gradativamente melhorando em 2009.

A injeção de liquidez no sistema bancário fez com que o FED expandisse o valor de seus ativos. Lembremos que, quando o ativo da autoridade monetária aumenta, a liquidez da economia também sofre expansão.

O Gráfico 7.2 descreve a taxa de crescimento da base monetária no mês em relação ao mesmo período do ano anterior na economia norte-americana, entre os meses de janeiro de 2007 e dezembro de 2009. No período crítico da crise financeira, a base monetária cresceu em termos anuais mais de 100%. Em agosto de 2008, esse agregado monetário estava em US$ 871 bilhões, passando rapidamente para US$ 1.142 bilhões em outubro. Fechou o ano de 2008 em US$ 1.669 bilhões, sendo que, em 2009, com a manutenção de uma política monetária expansionista, a base monetária cresceu para US$ 1.799 bilhões e US$ 2.017 bilhões em maio e dezembro de 2009, respectivamente.

Gráfico 7.2 – Taxa de crescimento da base monetária no mês em relação ao mesmo período do ano anterior na economia dos EUA: janeiro de 2007 a dezembro de 2009

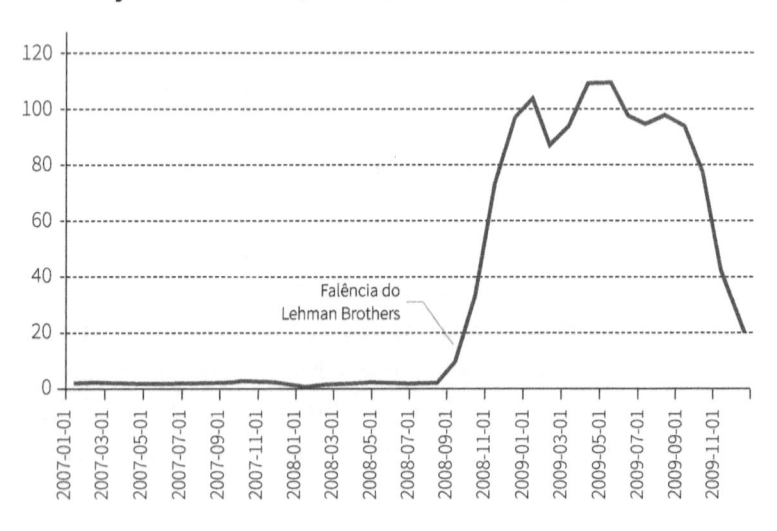

Fonte: Elaborado com base em Fred, 2023.

Mesmo com a expansão de liquidez, o sistema financeiro monetário norte-americano registrou uma forte queda do crédito bancário após a quebra do Lehman Brothers, como vemos pelo Gráfico 7.3. O risco de inadimplência sistêmica fez com que os bancos reduzissem significativamente suas operações.

Gráfico 7.3 – Taxa de crescimento do crédito bancário no mês em relação ao mesmo período do ano anterior na economia dos EUA: janeiro de 2007 a dezembro de 2009

Fonte: Elaborado com base em FED, 2023a.

Com a queda dos empréstimos e dos financiamentos na economia dos EUA e do mundo, a participação das instituições internacionais foi fundamental, como FMI, Banco Internacional para Reconstrução e Desenvolvimento (Bird) e Banco Interamericano de Desenvolvimento (BID). Nesse sentido, com a atuação dos diversos bancos centrais injetando liquidez no sistema e, ao mesmo tempo, reduzindo os juros para os financiamentos, uma grande depressão como a vista na década de 1930 foi evitada.

Com efeito, o desenvolvimento das instituições financeiras internacionais foi essencial para ampliar a cooperação entre países e auxiliar no combate às crises financeiras mundiais. Além disso, essas instituições foram se desenvolvendo e o caráter social e de investimento em capital humano foi fundamental para o combate às desigualdades de renda e entre países.

Síntese

Neste capítulo, vimos que a crise financeira internacional de 2008 foi a maior crise registrada na economia mundial depois da Grande Depressão, nos anos 1930. Ela teve origem no sistema imobiliário norte-americano com o aumento da inadimplência da carteira do *subprime* e espalhou-se para diversos fundos e carteiras de crédito dessa natureza.

Como destacamos, os instrumentos de política monetária, em uma coordenação internacional entre bancos centrais, podem ampliar significativamente a liquidez, fundamental para estabilizar o sistema financeiro internacional. Com efeito, a atuação dos bancos centrais e dos organismos internacionais evitou que a recessão de 2008 se transformasse em uma situação muito mais grave.

Questões para revisão

1. Explique como o Banco Central do Brasil pode expandir a oferta de moeda por meio de sua operação de mercado aberto (*open market*).

2. Explique os três objetivos principais dos bancos centrais.

3. Assinale a alternativa correta sobre a decisão, em 2008, do Comitê de Política Monetária do Federal Reserve Bank (Fomc) de intensificar a flexibilização da política monetária:

a. O banco central aumentou a venda de títulos públicos ao mercado.
b. A taxa de juros básica dos EUA (*Fed Fund Rate*) subiu significativamente.
c. Além de reduzir a taxa de juros, o Federal Reserve Bank (FED) passou a pagar juros no excesso de reservas requeridas.
d. A inflação era o principal problema da autoridade monetária.
e. O banco central reduziu a liquidez do dólar.

4. Assinale a alternativa correta a respeito da crise financeira dos EUA vivida a partir de 2007 e 2008:
   a. Iniciou-se com os empréstimos imobiliários *subprime* e espalhou-se pelas economias desenvolvidas e emergentes, gerando ondas de recessão e de deflação.
   b. O sistema financeiro internacional encontrava-se altamente regulado pelas autoridades governamentais.
   c. Antes da crise de 2007, os preços dos imóveis encontravam-se em forte queda.
   d. Os bancos de investimentos tinham pouca exposição ao risco de crédito.
   e. A crise iniciou com a inadimplência dos financiamentos dos automóveis.

5. Assinale a alternativa correta sobre o funcionamento e a expansão do mercado hipotecário norte-americano antes da crise financeira:
   a. A instituição financeira da qual se originam os empréstimos tem pouca informação sobre a qualidade do tomador de empréstimo.

b. O coordenador tem uma informação mais detalhada dos empréstimos imobiliários, pois é o responsável por criar o fundo com o *pool* dos empréstimos e conduz o *due diligence*.
c. Não se observou assimetria de informação na relação do organizador com as agências de classificação de crédito.
d. Não se observou fricção entre as agências de classificação de crédito e o gestor do fundo, que o vende diretamente, como produto financeiro, aos investidores.
e. Não se observou excesso na expansão de crédito imobiliário.

6. Em fevereiro de 2007, com a queda nos preços dos imóveis no mercado norte-americano, vários bancos de investimentos apresentaram problemas em alguns de seus fundos. Assinale a alternativa **incorreta** sobre as consequências dessa situação:

    a. O Bear Stearns, quinto maior banco de investimentos dos Estados Unidos, liquidou, em julho de 2007, dois fundos registrados nas Ilhas Cayman, que compravam vários tipos de títulos securitizados lastreados nas hipotecas.
    b. O maior banco de investimentos na França e na zona do euro, o BNP Paribas Investment Partners, suspendeu temporariamente, em agosto de 2007, o cálculo do valor do ativo líquido de três fundos.
    c. A quinta maior instituição de financiamento hipotecário no Reino Unido, a Northern Rock, recebeu suporte de liquidez do Bank of England.
    d. O Lehman Brothers lançou dois novos fundos hipotecários, com o intuito de captar mais de US$ 500 milhões.
    e. O Bank of England ofereceu linhas de crédito para suporte de liquidez a várias instituições financeiras.

7. Assinale a alternativa correta com relação ao auge da crise financeira internacional:
   a. O Lehman Brothers foi vendido para o Bank of America e a crise estagnou.
   b. O Bank of America foi comprado pelo Merrill Lynch.
   c. O Lehman Brothers quebrou em setembro de 2008.
   d. O Bank of America foi comprado pelo Lehman Brothers.
   e. O Bank of American quebrou em setembro de 2008.

8. Assinale a alternativa que indica corretamente a decisão tomada pelo Federal Reserve Bank (FED) com o avanço da instabilidade financeira internacional:
   a. Ampliou as linhas de *swap* cambial com diversos bancos centrais.
   b. Ampliou taxa de juros da economia para conter a recessão.
   c. Reduziu as linhas de *swap* cambial com diversos bancos centrais.
   d. Reduziu a compra de ativos com menor liquidez no mercado financeiro.
   e. Reduziu a liquidez internacional do dólar.

9. Assinale a alternativa correta sobre a condução da política monetária na crise financeira internacional de 2008:
   a. A política monetária foi restritiva, com medo do aumento do processo inflacionário.
   b. A política monetária, no período da recessão, foi conduzida de maneira extremamente expansionista, com redução da taxa de juros.
   c. O FED aumentou significativamente os juros da economia.

d. Ampliou-se a venda de títulos públicos no mercado aberto.

e. O banco central aumentou a taxa de juros e evitou a cooperação internacional.

10. Assinale a alternativa correta sobre o que a economia passou a registrar com a falência do Lehman Brothers:
    a. Maiores taxas de juros básicas.
    b. Ampliação significativa do crédito bancário a empresas e famílias.
    c. Aumento do multiplicador monetário.
    d. Expansão da base monetária, mediante aumento da impressão de moeda.
    e. Menor cooperação internacional entre os países.

Questões para reflexão

1. O Departamento do Tesouro norte-americano, em 20 de setembro de 2008, submeteu ao Congresso o programa Troubled Asset Relief Program (Tarp). Qual foi o principal objetivo desse programa e qual foi seu impacto na economia dos Estados Unidos? Elabore um texto escrito com suas considerações e compartilhe suas conclusões com seu grupo de estudo.

2. Descreva o crescimento da base monetária na economia dos EUA após a falência do Lehman Brothers. Analise quais instrumentos monetários podem gerar uma forte expansão da base monetária.

Considerações finais

O sistema financeiro internacional como o conhecemos atualmente foi desenhado durante o século XX, principalmente após a Grande Depressão e a Segunda Guerra Mundial. Instituições importantes foram criadas com o intuito de corrigir desequilíbrios comerciais e financeiros entre os países, garantindo mais estabilidade e prosperidade para a economia mundial. Neste livro, examinamos, a partir de Bretton Woods, a criação e a situação atual do Fundo Monetário Internacional (FMI), do Banco Mundial, do Banco Internacional para Reconstrução e Desenvolvimento (Bird), do Banco Interamericano de Desenvolvimento (BID), do Sistema Econômico Latino-Americano e do Caribe (Sela) e da Organização para a Cooperação e Desenvolvimento Econômico (OCDE).

Como consequência do maior desenvolvimento dessas instituições e da cooperação internacional, a crise financeira internacional de 2008 não gerou uma depressão econômica como a observada na década de 1930. As instituições, lideradas pelo Federal Reserve Board (FED), o banco central dos EUA, foram eficazes para conter o processo recessivo, injetando liquidez e recursos nos países necessitados. Como vimos, houve uma recessão severa, principalmente nas economias maduras, mas não uma depressão econômica. Concluímos, portanto, que a maior cooperação internacional entre os países, por meio de um sistema financeiro liderado por sólidas instituições, trouxe mais estabilidade e desenvolvimento econômico.

Como destacamos, nosso país participa do FMI (membro fundador), tem um presidente no BID, recebe recursos de programas do Banco Mundial e do Bird, é membro do Sela e está em processo de acessão à OCDE.

Com efeito, o Brasil terá mais capacidade de promover e implementar políticas públicas, inseridas em um ambiente internacional desenvolvido, beneficiando-se com transferência de tecnologia, ganhos de eficiência e competitividade industrial e maior dinamismo em sua inserção na economia mundial.

O mercado busca profissionais conhecedores da nova ordem econômica mundial e da inserção do Brasil nesse contexto. Esperamos que a leitura deste livro tenha cumprido seus objetivos em relação à análise desses temas.

Referências

ALMEIDA, P. R. de. O Brasil e o FMI desde Bretton Woods: 70 anos de história. **Revista Direito GV**, v. 10, n. 2, p. 469-496, jul. 2014. Disponível em: <https://www.scielo.br/j/rdgv/a/WVZH8Rs6wJWshpGfrTLtM8F/?format=pdf&lang=pt>. Acesso em: 12 dez. 2023.

ANA – Agência Nacional de Águas. **Programa de Consolidação do Pacto Nacional pela Gestão das Águas**: Progestão. Disponível em: <https://progestao.ana.gov.br/>. Acesso em: 12 dez. 2023.

ASHCRAFT, A.; SCHUERMANN, T. Understanding the Securitization of Subprime Mortgage Credit. **Foundations and Trends in Finance**, v. 2, n. 3, p. 191-309, 2008.

ASSAF NETO, A. **Mercado financeiro**. São Paulo: Atlas, 2012.

BAUMANN, R. O que esperar da membresia na OCDE? **Revista Tempo do Mundo**, n. 25, p. 29-50, abr. 2021. Disponível em: <https://www.ipea.gov.br/revistas/index.php/rtm/article/view/296/279>. Acesso em: 12 dez. 2023.

BEA – Bureau of Economic Analysis. **Table 1.1.1. Percent Change from Preceding Period in Real Gross Domestic Product**. 2023. Disponível em: <https://apps.bea.gov/iTable/?reqid=19&step=2&isuri=1&categories=survey&_gl=1*1ok539m*_ga*ODIxNDE4NTEuMTcwMTk1ODM2MQ..*_ga_J4698JNNFT*MTcwMTk1ODM2MC4xLjEuMTcwMTk1ODQ3NS4wLjAuMA..#eyJhcHBpZCI6MTksInN0ZXBzIjpbMSwyLDMsM10sImRhdGEiOltbImNhdGVnb3JpZXMiLCJTdXJ2ZXkiXSxbIk5JUEFfVGFibGVfTGlzdCIsIjEiXSxbIkZpcnN0X1llYXIiLCIxOTMwIl0sWyJMYXN0X1llYXIiLCIxOTQwIl0sWyJTY2FsZSIsIjAiXSxbIlNlcmllcyIsIkEiXV19>. Acesso em: 12 dez. 2023.

BLS – Bureau of Labor Statistics. **Consumer Price Index for All Urban Consumers (CPI-U)**. 2023. Disponível em: <https://data.bls.gov/timeseries/CUSR0000SA0&output_view=pct_1mth>. Acesso em: 12 dez. 2023.

BCB – Banco Central do Brasil. **SGS – Sistema Gerenciador de Séries Temporais – v2.1**. Disponível em: <https://www3.bcb.gov.br/sgspub/localizarseries/localizarSeries.do?method=prepararTelaLocalizarSeries>. Acesso em: 12 dez. 2023.

BID – Banco Interamericano de Desenvolvimento. **Brasil melhorará cobertura de água potável e saneamento no estado do Pará com apoio do BID**. 7 dez. 2021. Disponível em: <https://www.iadb.org/pt-br/noticias/brasil-melhorara-cobertura-de-agua-potavel-e-saneamento-no-estado-do-para-com-apoio-do-bid>. Acesso em: 12 dez. 2023.

BID – Banco Interamericano de Desenvolvimento. **Capital social e poder de voto**. Disponível em: <https://www.iadb.org/pt-br/quem-somos/como-estamos-organizados/assembleia-de-governadores/capital-social-e-poder-de-voto>. Acesso em: 12 dez. 2023.

BID – Banco Interamericano de Desenvolvimento. **São Paulo expandirá seu sistema de metrô com ajuda do BID**. 10 mar. 2010. Disponível em: <https://www.iadb.org/pt-br/noticias/sao-paulo-expandira-seu-sistema-de-metro-com-ajuda-do-bid>. Acesso em: 12 dez. 2023.

BRASIL. Decreto n. 9.920, de 18 julho de 2019. **Diário Oficial da União**, Poder Executivo, Brasília, DF, 19 jul. 2019. Disponível em: <https://www.planalto.gov.br/ccivil_03/_ato2019-2022/2019/decreto/d9920.htm>. Acesso em: 12 dez. 2023.

BRASIL. Decreto n. 11.671, de 30 de agosto de 2023. **Diário Oficial da União**, Poder Executivo, Brasília, DF, 31 ago. 2023a. Disponível em: <https://www.planalto.gov.br/ccivil_03/_ato2023-2026/2023/decreto/d11671.htm>. Acesso em: 12 dez. 2023.

BRASIL. Lei Complementar n. 101, de 4 de maio de 2000. **Diário Oficial da União**, Poder Legislativo, Brasília, DF, 5 maio 2000. Disponível em: <https://www.planalto.gov.br/ccivil_03/leis/lcp/lcp101.htm>. Acesso em: 17 nov. 2023.

BRASIL. Casa Civil. **Painel Brasil na OCDE**. 8 nov. 2023b. Disponível em: <https://www.gov.br/casacivil/pt-br/assuntos/colegiados/ocde/processo-de-acessao-brasil-ocde/painel-brasil-na-ocde>. Acesso em: 12 dez. 2023.

BRASIL. Ministério da Economia. **Membros e Estrutura Organizacional da OCDE**. 6 abr. 2022. Disponível em: <https://www.gov.br/economia/pt-br/assuntos/ocde/membros-e-estrutura-organizacional-da-ocde>. Acesso em: 12 dez. 2023.

BRITO, F. **Corredores ecológicos**: uma estratégia integradora na gestão de ecossistemas. Florianópolis: Ed. da UFSC, 2012.

CALDEIRA, M. T. M. **Acessão do Brasil na Organização para a Cooperação e Desenvolvimento Econômico – OCDE**: perspectivas ambientais para o desenvolvimento sustentável. 30 f. Monografia (Curso de Altos Estudos de Política e Estratégia) – Escola Superior de Guerra, Rio de Janeiro, 2021. Disponível em: <https://repositorio.esg.br/bitstream/123456789/1473/1/CAEPE.64%20MariaCaldeira.pdf>. Acesso em: 12 dez. 2023.

CERQUEIRA, C. A. **Dívida externa brasileira**. 2. ed. rev. e ampl. Brasília: Banco Central do Brasil, 2003. Disponível em: <https://www.bcb.gov.br/content/publicacoes/Documents/outras_pub_alfa/D%C3%ADvida_Externa_Brasileira_-_Segunda_Edi%C3%A7%C3%A3o_Revisada_Ampliada.pdf>. Acesso em: 12 dez. 2023.

CINTRA, M.; FREITAS, M. C. Inflação e deflação de ativos a partir do mercado imobiliário americano. **Revista de Economia Política**, São Paulo, v. 28, n. 3, jul./set. 2008.

CNAF – Comite Nacional de Agricultura Familiar. **Estratégia nacional de agricultura familiar de Honduras 2017-2030**. Tegucigalpa, 2017. Disponível em: <https://faolex.fao.org/docs/pdf/hon178713.pdf>. Acesso em: 12 dez. 2023.

CORDEIRO, L. M.; CAMPINA, A. Vantagens e desvantagens da acessão brasileira à Organização para a Cooperação e Desenvolvimento Econômico. **Revista Científica Multidisciplinar Núcleo do Conhecimento**, v. 2, n. 4, p. 88-102, abr. 2021. Disponível em: <https://www.nucleodoconhecimento.com.br/lei/acessao-brasileira, DOI: 10.32749/nucleodoconhecimento.com.br/lei/acessao-brasileira>. Acesso em: 12 dez. 2023.

COZENDEY, C. M. B. **Instituições de Bretton Woods**. Brasília: Funag, 2013.

CRUZ, P. D. **Dívida externa e política econômica**: a experiência brasileira nos anos setenta. São Paulo: Brasiliense, 1984.

DEZORDI, L. **A condução das políticas econômicas em um ambiente de fragilidade financeira**: uma abordagem pós-keynesiana. 122 f. Tese (Doutorado em Desenvolvimento Econômico) – Universidade Federal do Paraná, Curitiba, 2010. Disponível em: <https://acervodigital.ufpr.br/xmlui/bitstream/handle/1884/24087/Tese_Versao%20da%20Defesa_2010.pdf?sequence=1&isAllowed=y>. Acesso em: 12 dez. 2023.

DEZORDI, L. **Lições de macroeconomia**. Curitiba: Concursos e Editora Curitiba, 2009.

DOMINGUES, G. B.; MACIEL, J. de C. Consolidação da hegemonia político-econômica dos Estados Unidos da América (EUA) em Bretton Woods: visão geral e comentários iniciais sobre desenvolvimento e organização da economia mundial. **Multitemas**, v. 21, n. 50, p. 113-133, jul./dez. 2016. Disponível em: <https://multitemas.ucdb.br/multitemas/article/view/1143/1338>. Acesso em: 12 dez. 2023.

DURAN, C. V.; STEINBERG, D. F. Liberalização do movimento de capitais e os desafios jurídicos e monetários para o Brasil integrar a Organização para a Cooperação e Desenvolvimento Econômico (OCDE). **Revista Tempo do Mundo**, n. 25, p. 273-302, 2021.

EICHENGREEN, B. **A globalização do capital**: uma história do sistema monetário internacional. São Paulo: Editora 34, 2000.

ESTENSSORO, L. E. R. **O Sistema Econômico Latino-Americano (Sela)**: integração e relações internacionais (1975-1991). 200 f. Dissertação (Mestrado em Integração da América Latina) – Universidade de São Paulo, São Paulo, 1994. Disponível em: <https://teses.usp.br/teses/disponiveis/84/84131/tde-16082011-100208/fr.php>. Acesso em: 17 nov. 2023.

EUA – Department of Labor. Disponível em: <https://www.dol.gov/>. Acesso em: 17 nov. 2023.

FAO – Forest Resources Assessment. **Tropical Countries**. Roma, 1993 (FAO Forestry Paper 112).

FED – Federal Reserve Bank. **Banking and Monetary Statistics 1914-1941**. Washington, 1943. Disponível em: <https://fraser.stlouisfed.org/files/docs/publications/bms/1914-1941/BMS14-41_complete.pdf?utm_source=direct_download>. Acesso em: 12 dez. 2023.

FED – Federal Reserve Board. **Assets and Liabilities of Commercial Banks in the United States**: H.8. Disponível em: <https://www.federalreserve.gov/releases/h8/>. Acesso em: 12 dez.2023a.

FED – Federal Reserve Board. **Selected Interest Rates**: H.15. Disponível em: <https://www.federalreserve.gov/releases/h15/>. Acesso em: 12 dez. 2023b.

FERES, C. P. da C. **Integração na América do Sul**: o papel estratégico do Gran Chaco. Trabalho de Conclusão de Curso (Bacharelado em Ciências Econômicas) – Universidade Federal da Integração Latino-Americana, Foz do Iguaçu, 2020.

FRED – Federal Reserve Bank of St. Louis. **St. Louis Adjusted Monetary Base**. Disponível em: <https://fred.stlouisfed.org/series/BASE>. Acesso: 12 dez. 2023.

FOBE, N. J. Uma proposta esquecida: o bancor. **Revista Direito GV**, v. 10, n. 2, p. 441-450, jul./dez. 2014. Disponível em: <https://www.scielo.br/j/rdgv/a/ZhNJN8GD8PF7hHg8p6qXTHc/?format=pdf&lang=pt>. Acesso em: 12 dez. 2023.

GONÇALVES, R. et al. **A nova economia internacional**: uma perspectiva brasileira. Rio de Janeiro: Campus, 1998.

IBGE – Instituto Brasileiro de Geografia e Estatística. **Painel de indicadores**. Disponível em: <https://www.ibge.gov.br/indicadores#ipca>. Acesso em: 12 dez. 2023.

IMF – International Monetary Fund. **Executive Directors & Management Team**. Disponível em: <https://www.imf.org/external/pubs/ft/ar/2021/eng/who-we-are/executive-directors-management-team/>. Acesso em: 17 nov. 2023a.

IMF – International Monetary Fund. **Member's Quotas and Voting Power, and IMF Board of Governors**. 17 nov. 2023b. Disponível em: <https://www.imf.org/en/About/executive-board/members-quotas>. Acesso em: 17 nov. 2023.

IMF – International Monetary Fund. **The IMF's Enhanced Structural Adjustment Facility (ESAF)**: Is It Working? Sept. 1999. Disponível em: <https://www.imf.org/external/pubs/ft/esaf/exr/>. Acesso em: 17 nov. 2023.

IMF – International Monetary Fund. **World Economic Outlook Databases**: April 2023 Edition. Disponível em: <https://www.imf.org/en/Publications/SPROLLs/world-economic-outlook-databases#sort=%40imfdate%20descending>. Acesso em: 12 dez. 2023c.

KRUGMAN, P. R.; OBSTFELD, M. **Economia internacional**: economia e política. São Paulo: Pearson, 2005.

LACERDA, A. C. et al. **Economia brasileira**. São Paulo: Saraiva, 2013.

LICHTENSZTEJN, S.; BAER, M. **Fundo Monetário Internacional e Banco Mundial**: estratégias e políticas do poder financeiro. São Paulo: Brasiliense, 1987.

MALAN, P. S. Uma crítica ao consenso de Washington. **Revista de Economia Política**, v. 11, n. 3, p. 317-325, jul.-set./1991. Disponível em: <https://www.scielo.br/j/rep/a/nVdjtMwB9FszYSyyMt9FKsr/?format=pdf&lang=pt>. Acesso em: 12 dez. 2023.

MOFFITT, M. **O dinheiro do mundo**: de Bretton Woods à beira da insolvência. Rio de Janeiro: Paz e Terra, 1984.

NEMIÑA, P. A relação entre o FMI e os governos tomadores de crédito. O aporte da EPI centrado na incidência dos interesses. **Desafíos**, v. 31, n. 2, p. 341-373, 2019.

OECD – Organisation for Economic Co-operation and Development. **Pisa 2018 Results**. 2019. Disponível em: <https://www.oecd.org/pisa/publications/pisa-2018-results.htm>. Acesso em: 12 dez. 2023.

PARANÁ. Agência Estadual de Notícias. **Paraná recebe U$ 30 milhões do Banco Mundial para modernização da gestão pública**. 8 maio 2023. Disponível em: <https://www.aen.pr.gov.br/Noticia/Parana-recebe-US-30-milhoes-do-Banco-Mundial-para-modernizacao-da-gestao-publica>. Acesso em: 12 dez. 2023.

PARO, G.; STANTON, G. **O ingresso do Brasil na OCDE e alguns debates fiscais**. 9 maio 2019. Disponível em: <https://www.soutocorrea.com.br/artigos/o-ingresso-do-brasil-na-ocde-e-alguns-debates-fiscais/>. Acesso em: 12 dez. 2023.

PEREIRA, J. M. M. Banco Mundial: concepção, criação e primeiros anos (1942-60). **Varia Historia**, Belo Horizonte, v. 28, n. 47, p. 391-419, jan./jun. 2012. Disponível em: <https://www.scielo.br/j/vh/a/mNLsQj6jyFKcG47ZpNGBHvJ/?format=pdf&lang=pt>. Acesso em: 12 dez. 2023.

PEREIRA, J. M. M. Banco Mundial: dos bastidores aos 50 anos de Bretton Woods (1942-1994). **Topoi**, v. 15, n. 29, p. 527-564, jul./dez. 2014. Disponível em: <https://www.scielo.br/j/topoi/a/wfWyLWX8bYgkS69pYV98LCr/?format=pdf&lang=pt>. Acesso em: 12 dez. 2023.

PEREIRA, J. M. M. O Banco Mundial e a construção política dos programas de ajustamento estrutural nos anos 1980. **Revista Brasileira de História**, v. 33, n. 65, p. 359-381, 2013. Disponível em: <https://www.scielo.br/j/rbh/a/PkGJwR7WCkhX6CFq9cfPV9B/?format=pdf&lang=pt>. Acesso em: 12 dez. 2023.

PEREIRA, J. M. M. O Banco Mundial e a construção político-intelectual do "combate à pobreza". **Topoi**, v. 11, n. 21, p. 260-282, jul./dez. 2010. Disponível em: <https://www.scielo.br/j/topoi/a/9pbHm3pRMrsRK7gZwQjFnNP/?lang=pt&format=pdf>. Acesso em: 12 dez. 2023.

SANTORO, M. A crise de 2001 e a política externa argentina. **Revista Estudos Políticos**, v. 8, n. 15, p. 81-93, 2017. Disponível em: <https://periodicos.uff.br/revista_estudos_politicos/article/view/39830/22915>. Acesso em: 12 dez. 2023.

SCHERMA, M. A. **A atuação do Banco Interamericano de Desenvolvimento no Brasil (1959-2006)**. 186 f. Dissertação (Mestrado em Relações Internacionais) – Universidade Estadual de Campinas, Campinas, 2007. Disponível em: <https://repositorio.unicamp.br/Acervo/Detalhe/406154>. Acesso em: 12 dez. 2023.

SELA – Sistema Económico Latinoamericano y del Caribe. **Año Internacional de la Agricultura Familiar 2014 generó un impacto profundo en América Latina y el Caribe**. 30 dez. 2014. Disponível em: <http://sursur.sela.org/listado-de-noticias/2014/12/ano-internacional-de-la-agricultura-familiar-2014-genero-un-impacto-profundo-en-america-latina-y-el-caribe/>. Acesso em: 12 dez. 2023.

SELA – Sistema Económico Latinoamericano y del Caribe. **Áreas de trabajo**. Disponível em: <https://www.sela.org/es/que-es-el-sela/areas-de-trabajo/>. Acesso em: 12 dez. 2023.

SELA – Sistema Económico Latinoamericano y del Caribe. **Convenio de Panamá Constitutivo del Sistema Económico Latinoamericano**. Caracas, Venezuela, 2006. Disponível em: <https://www.sela.org/media/3202798/t023600000397-0-convenio_de_panama_-enero_2006.pdf>. Acesso em: 12 dez. 2023.

SILVA, P. R. **Origem e desenvolvimento do Sistema Financeiro Internacional**: do padrão ouro à crise de 2008. 134 f. Dissertação (Mestrado em Economia Política) – Pontifícia Universidade Católica de São Paulo, São Paulo, 2010.

SOARES, J. A. R.; BRAGA, M. B. Banco Interamericano de Desenvolvimento (BID) no espaço-tempo: uma análise crítica sobre seu papel no financiamento da integração regional. **Geosul**, Florianópolis, v. 36, n. 79, p. 89-115, 2021. Disponível em: <https://periodicos.ufsc.br/index.php/geosul/article/view/70344/47117>. Acesso em: 12 dez. 2023.

STANDARD AND POOR'S CORPORATION. **Rattings**. Disponível em: <https://www.spglobal.com/ratings/en/>. Acesso em: 12 dez. 2023.

STEIL, B. **The Battle of Bretton Woods**: John Maynard Keynes, Harry Dexter White, and the Making of a New World Order. Princeton: Princeton University, 2013.

TONG, H.; WEI, S. Real Effects of the Subprime Mortgage Crisis: Is It a Demand or a Finance Shock? **International Monetary Fund Woeking Papers**, v. 8, n. 186, Aug. 2008. Disponível em: <https://www.researchgate.net/publication/5125474_Real_Effects_of_the_Subprime_Mortgage_Crisis_Is_it_a_Demand_or_a_Finance_Shock>. Acesso em: 12 dez. 2023.

VIEIRA, F. L. R. O Banco Mundial e o combate à pobreza no Nordeste: o caso da Paraíba. **Caderno CRH**, v. 21, p. 113-129, 2008. Disponível em: < https://www.scielo.br/j/ccrh/a/6p4TGRjjYd7jvPLn3hsQ9hC/?format=pdf&lang=pt>. Acesso em: 12 dez. 2023.

WORLD BANK. **Resposta do Banco Mundial ao covid-19 (coronavírus) na América Latina e Caribe**. 2 out. 2020. Disponível em: <https://www.worldbank.org/pt/news/factsheet/2020/04/02/world-bank-response-to-covid-19-coronavirus-latin-america-and-caribbean>. Acesso em: 12 dez. 2023.

WORLD BANK. **Who We Are?** Disponível em: <https://www.worldbank.org/en/who-we-are>. Acesso em: 12 dez. 2023.

WORLD BANK. **World Development Report 1980**. Washington, 1980. Disponível em: <https://documents1.worldbank.org/curated/en/430051469672162445/pdf/108800REPLACEMENT0WDR01980.pdf>. Acesso em: 12 dez. 2023.

Respostas

Capítulo 1

Questões para revisão

1. Podemos citar as seguintes funções do sistema financeiro internacional: 1) garantir que os recursos em excesso dos países superavitários sejam canalizados para os países deficitários, os quais precisam financiar seus déficits comerciais, por exemplo; 2) distribuir e fazer circular valores e títulos mobiliários: quando o país precisa de recursos, ele emite um título da dívida externa, que é um valor mobiliário. Os bancos com atuação internacional ajudam na emissão e distribuição desses títulos, que representam a dívida externa de uma determinada economia. A questão aceita as seguintes respostas também: 3) desenvolvimento econômico e social: os países em desenvolvimento necessitam de recursos com taxa de juros baixas e condição de financiamento especial. Os organismos internacionais podem proporcionar essas condições financiando infraestrutura, produção e projetos sociais; 4) garantir o crescimento sustentável: quando um país apresenta déficit em transações correntes, ele deve se financiar para não ter problema de inflação. Nesse sentido, o sistema financeiro internacional deve prover o recurso necessário para reequilibrar o setor externo e proporcionar a expansão do PIB com baixa inflação; 5) estabilizar as taxas de câmbio e sustentar o comércio internacional: os países superavitários devem financiar as economias deficitárias, equilibrando, com isso, a taxa de câmbio; 6) alocação de recursos para países em crescimento: os países em desenvolvimento precisam de recursos para ampliar sua produção e infraestrutura, e o mercado financeiro internacional pode promover esses empréstimos e financiamentos a custos acessíveis; 7) financiar as políticas públicas: muitos governos precisam financiar suas políticas fiscais com dívida externa. Então, o sistema financeiro pode prover recursos para compor o orçamento do governo a fim de que este implemente políticas de reformulação do Estado e programas sociais; 8) financiar o crescimento das empresas privadas: as empresas privadas precisam financiar sua produção, comprando insumos, máquinas e equipamentos.

2. Em 1930, o produto interno bruto (PIB) da economia norte-americana sofreu uma retração de 8,6%, sendo que o consumo das famílias caiu 3,99% e o investimento privado nacional retraiu 5,23%. Em 1932, o PIB caiu 13,0% e, mais uma vez, observou-se uma forte retração do consumo (-7,0%) e dos investimentos (-5,3%). No ano seguinte, a economia retraiu novamente, em 1,3%. O valor parece pouco comparando-se com os anos anteriores, mas devemos destacar que uma queda de 1,3% em 1933 em relação a 1932, que é uma base estatística muito fraca, é um valor expressivo. Em 1933, a economia norte-americana encontrava-se no fundo da Grande Depressão. Com a queda substancial do PIB, no início da crise, o desemprego explodiu. Em 1929, nos EUA, havia 1,5 milhão de desempregados e a taxa de desemprego era de 3,2% da força de trabalho. Em um ano, o número de pessoas sem emprego aumentou para 4,3 milhões de pessoas, ou 8,7% da população economicamente ativa (PEA). Em 1932, em uma situação caótica da economia mundial, a taxa de desemprego norte-americana foi de 23,6% da PEA, representando cerca de 12 milhões de pessoas desesperadas por um trabalho. No ano seguinte, a taxa de desemprego aumentou para 24,9% da força de trabalho, isto é, mais de 12,8 milhões de pessoas esperando um emprego.

3. Os dois planos tinham objetivos convergentes no sentido de estabilizar o sistema monetário internacional, mas com formas diferentes de alcançá-los. O Plano Keynes priorizava a cooperação internacional e a igualdade econômica entre as nações, principalmente em períodos de ajustes econômicos. Por sua vez, o Plano White enfatizava o papel dominante dos Estados Unidos no sistema financeiro internacional, com a hegemonia do dólar como padrão financeiro mundial. Essa foi, portanto, a maior divergência entre os planos. De um lado, os norte-americanos defendiam o dólar como moeda de referência internacional, com o intuito de dominar as relações comerciais entre os países. Do outro lado, os britânicos defendiam uma moeda supranacional, o bancor, que seria utilizada no comércio internacional como unidade de conta do International Clearing Union, que deveria ser fundado. Os norte-americanos negaram o bancor e, nesse quesito, a proposta de White saiu vitoriosa. Por sua vez, os EUA aceitaram uma flexibilização na paridade fixa em condições especiais, sob controle de capitais.

4. d
5. b
6. b
7. b
8. a
9. a

Questão para reflexão

1. Espera-se que o aluno responda que, em 1959, Robert Triffin previu problemas no sistema padrão dólar-ouro. Sua visão era a de que o mecanismo de sucesso do sistema representava o início do fim do sistema. O dilema de Triffin era que os déficits externos dos EUA não poderiam ser a fonte de dólares e liquidez

internacional para sempre. Ou seja, a quantidade de papel-moeda em circulação ficaria muito superior à quantidade de ouro e, com isso, a manutenção do padrão dólar-ouro em uma taxa de câmbio fixa ficaria insustentável.

Capítulo 2

Questões para revisão

1. Podemos destacar duas funções essenciais do FMI: 1) promover a estabilidade do sistema financeiro internacional pela promoção da cooperação monetária internacional; 2) auxiliar os países com déficits em seu balanço de pagamentos, buscando estabilizar as taxas de câmbio para prover um equilíbrio nas relações comerciais entre os países.

2. Podemos analisar dois financiamentos muito utilizados pelo FMI no processo de auxílio aos países com desequilíbrios externos: 1) o *Stand-by Arrangement* (SBA), empréstimos de curta duração, entre 12 e 24 meses, com o objetivo de corrigir desequilíbrios no balanço de pagamentos; 2) o *Extended Fund Facilities* (EFF), empréstimos de longa duração, de três anos, para corrigir desequilíbrios externos.

3. b
4. c
5. d
6. c
7. a
8. c
9. d
10. b
11. d
12. c

Questão para reflexão

1. Espera-se que o aluno indique que a maxidesvalorização de 75% na economia brasileira, observada em 1999, não gerou um descontrole inflacionário. As taxas de inflação nos anos seguintes, isto é, 2000, 2001 e 2002, ficaram abaixo de 10%.

Capítulo 3

Questões para revisão

1. Suas operações iniciais voltaram-se principalmente aos governos europeus. Em 1947, o banco emitiu seu primeiro empréstimo à França, no montante de US$ 250 milhões; depois, US$ 207 milhões para a Holanda, US$ 40 milhões para a Dinamarca e US$ 12 milhões para Luxemburgo. O banco financiou também projetos nas áreas de saneamento básico, acesso à água, geração de energia elétrica, represamento de rio e nas indústrias de aço da França, da Bélgica e de Luxemburgo.

2. Segundo o Banco Mundial, o Pace foi um programa bem-sucedido, pois, nos anos de 2006 a 2010, a economia colombiana cresceu, em média, 4,47% de seu PIB. O país foi pouco afetado pela crise financeira internacional em 2008 e 2009 e conseguiu, ao mesmo tempo, crescer e reduzir a pobreza de 49,7% para 37,2%. O Pace foi vital também para promover melhorias da infraestrutura básica, assim o fortalecimento das instituições.

3. c

4. a

5. d

6. a

7. a

8. c

9. d

10. b

11. d

12. a

Questão para reflexão

1. O aluno deve citar que, no biênio 1947-1948, foi concedido um empréstimo de US$ 16 milhões ao Chile (US$ 13,5 milhões para energia elétrica e US$ 2,5 milhões para compra de maquinário agrícola), com exigências duras que configuravam um perfil intervencionista do banco. Em seguida, espera-se que ele refira os empréstimos feitos pelo Bird citados nos exemplos da Seção 3.4.

Capítulo 4

Questões para revisão

1. O BID foi criado em 1959, para ampliar o apoio na agenda social para evitar o avanço do comunismo na América Latina.

2. De acordo com Scherma (2007), durante a década de 1980, grande parte dos projetos do BID para o Brasil ocorreu nos setores de infraestrutura (36%) e produtivo (33%) e houve uma ampliação nos empréstimos destinados à área social (27%).

3. a

4. c

5. b

6. d

7. c

8. a

9. d

Questão para reflexão

1. O aluno deve indicar que, no início dos anos 2000, o banco passou a priorizar programas de combate à pobreza, à fome e à desnutrição infantil, bem como investimentos em capacitação e desenvolvimento humano e social.

Capítulo 5

Questões para revisão

1. O Conselho Latino-Americano é o órgão supremo do Sela, integrado por um representante de cada Estado-membro. Normalmente, reúne-se na sede da Secretaria Permanente. Cada Estado-membro tem direito a um voto. Cabe ao Conselho organizar uma reunião ordinária anual em nível ministerial, além de poder organizar reuniões extraordinárias, em nível ministerial ou não ministerial. Os principais poderes do Conselho Latino-Americano são, basicamente, estabelecer as políticas gerais do Sela; eleger e destituir o secretário permanente e o secretário permanente adjunto; aprovar o orçamento e as demonstrações financeiras do Sela, assim como seu programa de trabalho; aprovar as posições estratégicas comuns dos Estados-membros em matéria econômica e social, entre outras. É importante destacar que o Conselho não adotará decisões que afetem as políticas nacionais dos Estados-membros.

2. O Comitê de Ação em Agricultura tem como objetivo principal promover a cooperação entre os países da região no desenvolvimento da agricultura, concentrando-se em produção, comercialização e tecnologias.

3. c

4. b

5. c

6. d

7. a

8. b

9. c

Questão para reflexão

1. O aluno deve indicar que o Sela foi criado em 1975, com o objetivo de ampliar a coordenação e as parcerias entre as economias da região e órgãos institucionais como a Food and Agriculture Organization (FAO) e a Organização das Nações Unidas (ONU).

Capítulo 6

Questões para revisão

1. A OCDE teve sua origem em 1948, a partir da Organização para a Cooperação Econômica Europeia (OCEE), criada por 18 países da Europa Ocidental, devastada pela Segunda Guerra Mundial. A OCEE tinha como objetivo dar suporte administrativo ao Plano Marshall para a recuperação e a reconstrução dos países europeus, por meio da cooperação entre os países para o avanço do comércio internacional. A OCEE foi, de fato, uma precursora da OCDE.

2. O Brasil participa de 32 Comitês da OCDE, com *status* de associado, de participante e de convidado.

3. a

4. c

5. c

6. b

7. d

Questões para reflexão

1. Espera-se que o aluno indique que ingressar na OCDE seria benéfico para a educação brasileira por ter de adequar-se às boas práticas internacionais, visto que a OCDE exerce influência significativa na educação dos países-membros, fornecendo avaliações comparativas, identificando boas práticas, analisando políticas e tendências, promovendo a cooperação e o compartilhamento de conhecimentos e impulsionando a melhoria da qualidade e da equidade educacional. O país terá mais capacidade de promover e implementar políticas públicas inseridas em um ambiente internacional desenvolvido, beneficiando-se com transferência de tecnologia, ganhos de eficiência e competitividade industrial e maior dinamismo em sua inserção na economia mundial. O país também terá maior capacidade de captar recursos a custos mais reduzidos.

2. O aluno deverá responder que, para o Brasil tornar-se membro da OCDE, será necessário avançar em 12 pontos. Já concluímos quatro passos importantes: 1. convite oficial do Conselho da OCDE, recebido em 25 de janeiro de 2022; 2. manifestação em Carta-Resposta, enviada em 25 de janeiro de 2022; 3. publicação pela OCDE, em 10 de junho de 2022, do Roteiro para Acessão (*Accession Roadmap*), que define os comitês da organização que vão analisar tecnicamente a legislação, as políticas e as práticas do Brasil; 4. encaminhamento do Memorando Inicial (*Initial Memorandum*) em 30 de setembro de 2022, documento em que o Brasil apresentou sua avaliação das legislações, das políticas e das práticas nacionais com relação aos instrumentos legais da OCDE. Precisamos, portanto, avançar em: 5. avaliação da OCDE sobre as políticas e práticas nacionais, por meio do envio de questionários e de missões técnicas de diferentes instâncias, reuniões com autoridades e equipes técnicas para coletar informações, que já estão em andamento; 6. apresentação do Relatório Formal da OCDE sobre a avaliação do Brasil; 7. apresentação do Memorando Final (*Final Statement*) pelo Brasil, no qual o país assume todas as obrigações como membro da OCDE; 8. decisão final do Conselho da OCDE; 9. assinatura da Convenção da OCDE; 10. aprovação da Convenção da OCDE pelo Congresso Nacional; 11. depósito do instrumento de acessão pelo Brasil e aprovação pela OCDE da resolução do Conselho que registra a adesão; 12. adesão oficial.

Capítulo 7

Questões para revisão

1. Operações de mercado aberto (*open market*) são operações de compra e venda de títulos públicos por parte do Banco Central do Brasil no mercado financeiro. Se o Banco Central compra títulos públicos no mercado, então a oferta monetária (liquidez) sofre uma expansão e a taxa de juros tende a cair. É uma política monetária expansionista.

2. Os principais objetivos dos bancos centrais consistem em: 1) manter estável o poder de compra da moeda: controle do processo inflacionário. Muitas economias adotam um regime de metas de inflação para institucionalizar esse objetivo de política monetária; com isso, o banco central determina a liquidez

da economia com base na inflação observada e esperada; 2) manter o pleno emprego: busca-se manter a economia crescendo em seu nível de pleno emprego, sem grandes oscilações em seus produtos, renda e emprego. Quando a economia está crescendo no nível de pleno emprego, os mercados, em especial o do trabalho, estão equilibrados; 3) manter a solvência do sistema financeiro: um dos objetivos essenciais dos bancos centrais é manter o sistema financeiro nacional e internacional líquido (solvente) e funcionando, por meio de suas operações de empréstimos. Com isso, os bancos centrais podem fazer empréstimos especiais de assistência financeira de liquidez, as quais são chamadas também de *operações de redesconto*.

3. c
4. a
5. b
6. d
7. c
8. a
9. b
10. d

Questões para reflexão

1. Espera-se que o aluno descreva que o Departamento de Tesouro norte-americano submeteu uma proposta de legislação para adquirir ativos com problemas de liquidez e inadimplência. O Tarp teve como propósito adquirir das instituições financeiras ativos com problemas, com a finalidade de promover a estabilidade dos mercados. O plano se justificou por atingir a raiz do problema que gerou um grande estresse no sistema financeiro, visto que um ativo hipotecário ilíquido bloqueia o fluxo natural do sistema, prejudicando a expansão de novas linhas de crédito, fundamentais para a geração de emprego e de renda. A ideia do Tarp consistiu em autorizar o Departamento do Tesouro a emitir mais de US$ 700 bilhões de títulos para financiar a compra desses ativos problemáticos.

2. Espera-se que o aluno responda que, no período crítico da crise financeira, a base monetária cresceu em termos anuais mais de 100%. Em agosto de 2008, esse agregado monetário estava em US$ 871 bilhões, passando rapidamente para US$ 1.142 bilhões em outubro, e encerrou 2008 em US$ 1.669 bilhões. Em 2009, com a manutenção da política monetária expansionista, a base monetária cresceu para US$ 1.799 bilhões e US$ 2.017 bilhões em maio e dezembro de 2009, respectivamente. Quando um banco central compra títulos públicos no mercado ou faz uma operação de redesconto aos bancos comerciais, então a oferta monetária (liquidez) sofre uma expansão e a taxa de juros tende a cair. É uma política monetária expansionista.

Sobre o autor

Lucas Lautert Dezordi é doutor e mestre em Desenvolvimento Econômico pela Universidade Federal do Paraná (UFPR) e graduado em Ciências Econômicas também pela UFPR. Atualmente, é professor de Macroeconomia na Pontifícia Universidade Católica do Paraná (PUCPR), sócio da Valuup Consultoria e economista--chefe da gestora TM3 Capital, com vasta experiência no mercado financeiro com base na análise de cenários e projeções macroeconômicas. Sua área de interesse são os estudos sobre sistema financeiro nacional e internacional, moeda, câmbio, juros e inflação.

Os papéis utilizados neste livro, certificados por instituições ambientais competentes, são recicláveis, provenientes de fontes renováveis e, portanto, um meio **respons**ável e natural de informação e conhecimento.

Impressão: Reproset

Wasan Tita/Shutterstock